U0816816

支付业务季报 3

2010

Quarterly Payment Statistics and Analysis

中国人民银行支付结算司 编

中国金融出版社

责任编辑：黄海清
责任校对：李俊英
责任印制：毛春明

图书在版编目（CIP）数据

支付业务季报（Zhifu Yewu Jibao）．2010年．第三季度/中国人民银行支付结算司编．—北京：中国金融出版社，2010.12
ISBN 978-7-5049-5739-9

Ⅰ.①支… Ⅱ.①中… Ⅲ.①银行—结算业务核算—会计报表—中国—2010 Ⅳ.①F832.2

中国版本图书馆CIP数据核字（2010）第226732号

出版发行 中国金融出版社
社址 北京市丰台区益泽路2号
市场开发部 （010）63266347，63805472，63439533（传真）
网上书店 http://www.chinafph.com
（010）63286832，63365686（传真）
读者服务部 （010）66070833，62568380
邮编 100071
经销 新华书店
印刷 天津市银博印刷技术发展有限公司
尺寸 210毫米×285毫米
印张 12
字数 164千
版次 2010年12月第1版
印次 2010年12月第1次印刷
定价 100.00元
ISBN 978-7-5049-5739-9/F.5299
如出现印装错误本社负责调换 联系电话（010）63263947

支付业务季报（2010年第三季度）

编写组

组　长：欧阳卫民

执　笔：严　芳　杨　青　韩　露
缪　纾　韩　琳　尹文诚
卫亚男

审　稿：欧阳卫民　王关荣　周金黄
史英琪　樊爽文　张　怡
欧韵君　黄　萍　张莉英
程世刚　张　晔　潘　松
谭静蕙　郝雅红

内容概要

2010年第三季度支付业务统计数据显示，支付体系继续平稳高效运行，支付业务量持续快速增长；企业经济往来继续深化，社会资金交易更加活跃，资金交易规模和交易频繁程度明显提高，对加速社会资金流通，提高资金使用效率，促进国民经济回升向好起到了积极作用。未来一段时间内，支付业务量有望继续保持稳步增长，经济向好势头将进一步得到巩固，继续朝着宏观调控的预期方向发展。

一、非现金支付工具业务量快速增长，社会资金交易愈加活跃

第三季度，全国共办理非现金支付业务71.65亿笔，金额232.64万亿元，同比分别增长32.4%和23.4%；笔数和金额同比增速分别加快19.3个百分点和3.5个百分点，非现金支付业务量呈现较快增长态势。

（一）票据业务

票据业务量稳步上升，企事业单位经济往来日益频繁。第三季度，全国共发生票据业务2.30亿笔，金额71.69万亿元，同比分别增长1.0%和2.1%，日均业务250.20万笔[①]，金额7 792.32亿元。**支票业务量平稳增长，支票单笔金额略有上升。**第三季度，支票业务2.24亿笔，金额65.51万亿元，同比分别增长0.8%和1.6%，同比增速分别回落1.5个百分点和9.6个百分点。平均每笔支票业务金额为29.24万元，同比增长0.8%，增速较上年同期回落7.9个百分点。**商业汇票业务保持增长态势，笔数增速加快，金额增速持续回落。**第三季度，实际结算商业汇票业务242.30万笔，金额2.89万亿元，同比分别增长13.7%和1.2%。业务笔数增速加快5.1个百分点，金额增速回落61.5个百分点。

① 按92日计算，如无特别注明，下同。

电子商业汇票系统平稳运行，业务量环比攀升。截至第三季度末，全国范围内接入电子商业汇票系统的机构共有316家。第三季度，完成出票25 675笔，金额753.16亿元[①]；承兑26 959笔，金额790.54亿元。

经济发展格局不同导致票据业务发展尚不均衡，中部地区[②]票据业务发展较快，业务量稳定增长。第三季度，中部地区票据业务量同比增速依然较快，笔数、金额同比分别增长11.0%和17.8%。**东部地区[③]票据业务略有下降，但依然占据全国主体地位。**第三季度，东部地区票据业务笔数、金额同比分别下降4.4%和2.9%，占全国票据业务笔数和金额的比例分别为50.6%和71.7%。

商业汇票逾期垫款金额环比和同比均有所下降，票据风险防范成效逐渐显现。截至第三季度末，全国银行业金融机构商业汇票逾期垫款金额为98.23亿元，环比下降6.8%，同比下降12.1%。分地区看，第三季度末商业汇票逾期垫款金额排名居前四位的浙江（17.44亿元）、山东（13.88亿元）、广东[④]（13.04亿元）、江苏（7.90亿元）四省合计占比达53.2%；分行别来看，股份制商业银行逾期垫款金额38.26亿元，占比39.0%；国有商业银行逾期垫款金额26.93亿元，占比27.4%；其他金融机构[⑤]逾期垫款金额33.04亿元，占比33.6%。

农村信用社等涉农金融机构[⑥]票据逾期垫款金额环比出现下降趋势，但潜在票据风险应继续加以关注。第三季度末，农村信用社等涉农金融机构逾期垫款金额环比下降4.0%，农村信用社等涉农金额机构强化票据业务管理和风险控制工作初见成效，但风险管理意识仍需进一步强化。

（二）银行卡业务

银行卡发卡量继续稳定增长，同比增速持续回落。银行卡受理环境

---

① 数据来源于中国人民银行电子商业汇票系统（ECDS）。

② 中部地区包括山西、安徽、江西、河南、湖北和湖南等6省。

③ 东部地区包括北京、上海、天津、山东、河北、江苏、浙江、广东、深圳、福建、海南等11个省（市）。

④ 包括深圳市。

⑤ 其他金融机构包括城市商业银行、城市信用社、农村商业银行、农村信用社、中国邮政储蓄银行、外资银行，下同。

⑥ 包括农村信用社、农村商业银行和农村合作银行。

明显改善，每台ATM对应的银行卡数量稳定在万张以下。社会公众持卡用卡意识不断增强，银行卡消费金额和笔数均大幅增长，银行卡渗透率持续增加至39.7%，银行卡消费在拉动内需方面的作用日趋明显。

截至第三季度末，全国累计发行银行卡23.80亿张，同比增长14.6%，增速较上年同期回落5.5个百分点。借记卡累计发卡量与信用卡累计发卡量之间的比例约为9.75:1，低于第二季度末比例，信用卡累计发卡量占比小幅增长。截至第三季度末，全国银行卡人均拥有量1.78张，其中北京、上海等地信用卡人均拥有量较大，分别为1.12张、1.05张，远高于全国0.17张的人均信用卡拥有量。**随着银行卡受理环境的不断改善，银行卡作为我国居民使用的最广泛的非现金支付工具，其发卡量还将保持增长趋势，但增长速度总体将延续下降趋势。**

截至第三季度末，银行卡跨行支付系统联网商户200.0万户，联网POS机具308.50万台，ATM 24.78万台，较第二季度末分别增加18.9万户、26.1万台和1.73万台。截至第三季度末，我国每台ATM对应的银行卡数量为9 604张，同比减少7.7%。**银行卡受理市场建设日趋完善。**

第三季度，发生银行卡业务66.58亿笔，同比增长34.1%，增速较上年同期加快20.3个百分点；业务金额63.29万亿元，同比增长47.6%，增速较上年同期加快15.4个百分点。第三季度日均发生银行卡业务0.72亿笔，金额0.69万亿元[①]，较第二季度分别增长3.2%和8.1%。**社会公众持卡用卡意识不断增强，银行卡业务量持续大幅增长。**

第三季度，银行卡消费业务12.59亿笔，金额2.60万亿元，同比分别增长38.1%和35.7%。第三季度，银行卡渗透率达到35.0%，比上年同期提高0.3个百分点。全国银行卡卡均消费金额和笔均消费金额分别为1 091元和2 062元，卡均消费金额同比增长18.4%，笔均消费金额同比下降1.8%。**银行卡刷卡消费逐渐受到社会公众的认可，在提升即期消费意愿、促进社会消费品零售市场发展、拉动内需中发挥着越来越重**

① 2010年第三季度92个自然日，此处按自然日计算。

要的作用。

信用卡授信总额和信用卡期末应偿信贷总额均大幅增长；信用卡逾期半年未偿信贷总额呈现增长趋势，信用卡坏账风险值得关注。截至第三季度末，信用卡授信总额1.86万亿元，较第二季度增加2 167.16亿元，增长13.2%；期末应偿信贷总额3 716.78亿元，较第二季度增加839.18亿元，增长29.2%。信用卡逾期半年未偿信贷总额79.21亿元，较第二季度增加6.19亿元，增长8.5%；信用卡逾期半年未偿信贷总额占期末应偿信贷总额的2.1%，较第二季度回落0.4个百分点。第三季度，国有商业银行信用卡逾期半年未偿信贷总额占期末应偿信贷总额的1.3%，较第二季度回落0.5个百分点；股份制商业银行信用卡逾期半年未偿信贷总额占期末应偿信贷总额的3.2%，较第二季度回落0.2个百分点。

（三）汇兑等其他业务

汇兑、委托收款等结算方式业务笔数、金额快速增长。第三季度，汇兑、委托收款等结算方式业务2.76亿笔，金额97.66万亿元，同比分别增长25.8%和29.5%，较上年同期增速分别加快15.1个百分点和9.1个百分点。其中，汇兑业务2.69亿笔，金额94.52万亿元，同比分别增长26.7%和30.2%，同比增速分别加快14.7个百分点和10.5个百分点。

二、支付系统处理的业务量持续快速增长，社会资金往来规模不断扩大，经济向好势头进一步巩固

第三季度，支付系统业务量同比持续快速增长，业务金额创历史新高。大额实时支付系统日均处理业务量稳定在100万笔，金额4万亿元以上[①]；小额批量支付系统业务量持续大幅增长，为社会公众支付提供了极大便利；同城票据清算系统业务量继续小幅增长；境内外币支付系统业务量保持快速增长，系统使用效率逐步提升；银行业金融机构行内支付系统业务量持续快速增长；国有商业银行、外资银行行内支付系统

① 2010年第三季度大额实时支付系统实际运行66个工作日，此处按实际运行工作日计算。

业务量增长迅速，支付服务市场竞争力保持在较高水平；银行卡跨行支付系统业务量继续快速增长。

第三季度，支付系统[1]共处理支付业务32.83亿笔，金额451.65万亿元，同比分别增长41.8%和35.1%，较上年同期增速分别加快19.1个百分点和10.5个百分点。**从支付系统资金往来情况看，省（市、自治区）辖内资金流动量占比较第二季度略有上升。**第三季度，全国共17个省（市、自治区）的辖内资金流动量占本省（市、自治区）资金流动总量的比例超过50%。第三季度，处理资金总量最大的三个地区仍为北京、上海、广东，这三个地区的资金流动总量分别占全国资金流动总量的32.0%、13.0%和11.2%。三地资金流动总量占全国总量的56.2%，占比较第二季度回落2.0个百分点。

大额实时支付系统业务量同比继续快速增长，日均处理业务量保持在100万笔，金额4万亿元以上。第三季度，大额实时支付系统处理业务0.73亿笔，金额305.74万亿元，同比分别增长9.8%和36.4%，业务金额是第三季度全国GDP（9.58万亿元）总量的31.91倍，较第二季度略有上升；日均处理业务110.98万笔，金额4.63万亿元，环比笔数减少0.56万笔，金额增加5 019.22亿元。

小额批量支付系统业务量继续大幅增长，为社会公众支付提供极大便利。第三季度，小额批量支付系统共处理业务1.07亿笔，金额3.96万亿元，同比分别增长70.9%和44.0%，占支付系统业务笔数和金额的3.3%和0.9%；日均处理业务119.07万笔，金额439.79亿元[2]。

同城票据清算系统业务量继续小幅增长。第三季度，同城票据清算系统共处理业务1.13亿笔，金额17.44万亿元，同比分别增长1.1%和0.2%，占支付系统业务笔数和金额的3.5%和3.9%；日均处理业务171.64万笔，金额2 642.49亿元[3]。

---

① 支付系统包含大额实时支付系统、银行业金融机构行内支付系统、银行卡跨行支付系统、小额批量支付系统、同城票据清算系统及境内外币支付系统等6个系统。

② 2010年第三季度小额批量支付系统实际运行90个工作日，此处以实际运行工作日计算。

③ 此处以2010年第三季度实际工作日66日计算。

境内外币支付系统业务量快速增长。第三季度，外币支付系统共运行66个工作日，处理支付业务15.51万笔，金额2 706.01亿元（399.57亿美元），同比分别增长84.6%和198.7%；日均处理支付业务2 350笔，金额41.00亿元（6.05亿美元）。

银行业金融机构行内支付系统业务量持续快速增长。第三季度，银行业金融机构行内支付系统共处理业务15.45亿笔，金额121.43万亿元，同比分别增长71.2%和38.5%，分别占支付系统业务笔数和金额的47.0%和26.9%；日均处理业务1 679.22万笔，金额1.32万亿元①。**国有商业银行、外资银行行内支付系统业务量增长迅速，支付服务市场竞争力保持在较高水平。**国有商业银行行内支付系统共处理业务10.87亿笔，金额71.27万亿元，同比分别增长106.8%和51.0%；外资银行行内支付系统处理业务6.49万笔，金额1.04万亿元，同比分别增长70.8%和102.7%。

银行卡跨行支付系统业务量继续快速增长。第三季度，银行卡跨行支付系统共处理业务14.45亿笔，金额2.81万亿元，同比分别增长23.3%和34.7%，增速较第二季度分别回落0.1个百分点和8.3个百分点，日均处理业务笔数1 570.29万笔，金额305.76亿元②。

三、银行结算账户数量继续保持平稳增长，社会经济活跃程度进一步提升

截至第三季度末，全国共有银行结算账户32.33亿户③，环比增长6.7%，增速较第二季度加快2.8个百分点。其中，单位银行结算账户2 413.31万户，占银行结算账户的0.7%，环比增长3.3%，增速较第二季度下降0.3个百分点；个人银行结算账户32.08亿户，占银行结算账户的99.3%，环比增长6.7%，增速较第二季度加快2.8个百分点。

单位银行结算账户数量稳步增长，基本存款账户数量占单位银行结算账户近六成，环比和同比增幅继续保持领先。截至第三季度末，全国

① 2010年第三季度共92个自然日，此处按第三季度自然日计算。
② 2010年第三季度共92个自然日，此处按第三季度自然日计算。
③ 银行结算账户数据来源于中国人民银行人民币银行结算账户管理系统，下同。

单位银行结算账户2 413.31万户，环比增长3.3%，同比增长13.1%。其中，基本存款账户1 426.71万户，一般存款账户729.62万户，专用存款账户232.79万户，临时存款账户24.19万户，分别占单位银行结算账户的59.1%、30.2%、9.6%和1.1%，环比分别增长3.6%、3.3%、1.6%和1.3%，同比分别增长13.9%、13.6%、7.4%和5.2%。**与经济发展的需求和活跃程度相适应，我国各类经济实体对开立单位银行结算账户的需求日益旺盛，与经济实体数量最具关联性的基本存款账户数量同比增长持续超过国民经济增长速度。**

注册资金规模在100万元以下的中小企业开立的单位银行结算账户数量在全部总量中占有绝对优势，注册资金规模较大企业开立单位银行结算账户的同比增速上升较快。截至第三季度末，注册资金100万元以下、100万~1 000万元、1 000万~1亿元和1亿元以上的企业开立的单位银行结算账户占比分别为71.5%、17.7%、8.2%和2.6%，环比分别增长2.7%、4.2%、5.3%和6.5%，同比分别增长11.2%、17.0%、20.8%和17.1%。中小企业发展将对我国整体经济运行产生较为普遍的影响。自2010年以来，我国不同注册资金规模企业的单位银行结算账户同比增速较经济危机爆发时期明显回升，而注册资金规模较大企业的单位银行结算账户同比增速的反弹力度相对更加明显。

农业、服务业、批发零售、房地产、住宿餐饮、建筑等与社会公众联系较为密切行业的银行结算账户数量持续增长。各行业的单位银行结算账户延续了第二季度的增长态势。截至第三季度末，增速在前5位的农林牧渔业、租赁和商务服务业、居民服务和其他服务业、批发和零售业以及房地产业等与社会公众联系较为密切的行业，同比增幅分别为23.9%、20.4%、19.1%、18.6%和18.0%。

房地产业单位银行结算账户数量继续增长，但在连续六个季度环比加速增长后首次出现增速放缓态势。截至第三季度末，全国房地产业单位银行结算账户数量共计72.53万户，环比增长3.9%，环比增速较第二季度下降0.8个百分点，自2009年第一季度以来首次出现环比增速回落态势。

制造业单位银行结算账户数量增速呈现回升趋势，但在单位银行结算账户中的占比小幅下降。作为工业经济总体代表的制造业单位银行结算账户数量延续了前期回升向好的运行态势，环比和同比均继续增长。截至第三季度末，制造业单位银行结算账户共计420.73万户，环比增长2.3%，环比增速较第二季度下降0.3个百分点，同比增长8.9%，同比增速加快3.0个百分点。制造业单位银行结算账户数量占全行业单位银行结算账户数量的比重为17.4%，占比较第二季度下降0.2个百分点。

个人银行结算账户数量大幅增长；六成以上的个人银行结算账户分布在经济大省或人口大省，地区间分布不平衡。截至第三季度末，个人银行结算账户32.08亿户，环比增长6.7%，同比增长17.8%，同比增幅连续五个季度稳定在17%以上。个人银行结算账户数量占比前十名的省（市）是广东、江苏、浙江、山东、河南、上海、福建、四川、北京、辽宁，十省（市）个人银行结算账户共计20.47亿户，全国占比合计达63.8%。

目　录

第一部分　报表分析说明

专栏

表

图

第二部分　支付业务报表

第三部分 支付业务地域及行别分布状况

第一部分

报表分析说明

一、非现金支付工具

2010 年第三季度，我国实现国内生产总值（GDP）9. 58 万亿元，同比增长 9. 6%，比上年同期加快 0. 7 个百分点。全国各地区、各部门加快推进经济发展方式转变和经济结构调整，经济向好势头进一步巩固，继续朝着宏观调控的预期方向发展。企业经济往来继续深化，社会资金交易日趋活跃，带动了支付业务量的大幅增长。第三季度，全国共办理非现金支付业务 716 458. 37 万笔，金额 2 326 368. 70 亿元，较上年同期分别增长 32. 4% 和 23. 4%；较上年同期笔数增速加快 19. 3 个百分点，金额增速加快 3. 5 个百分点；较 2010 年第二季度笔数增速加快 1. 3 个百分点，金额增速回落 4. 5 个百分点，非现金支付业务量呈现持续上升态势（如图 1）。

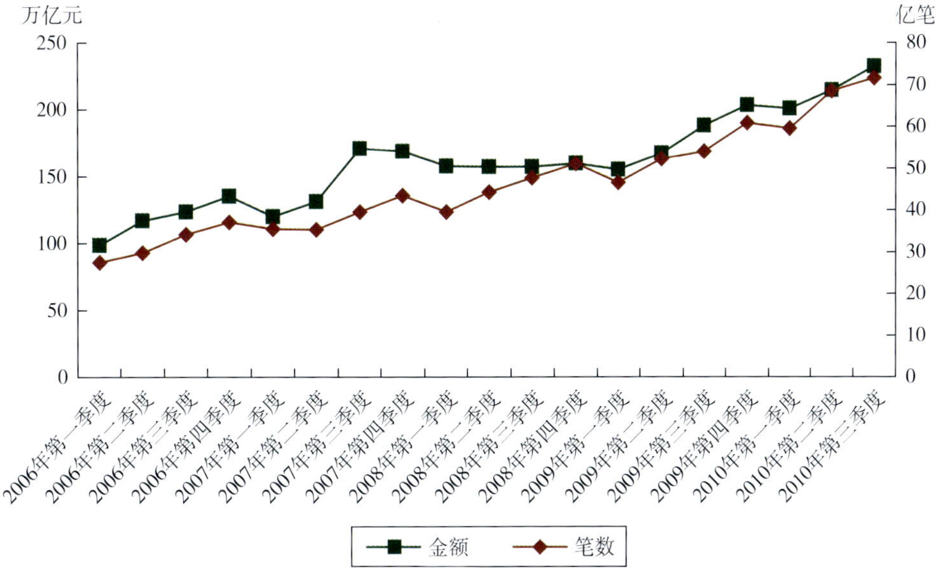

图 1　2006 年第一季度以来非现金支付业务量趋势图

从非现金支付工具业务量增长趋势看，非现金支付工具业务金额的增速变动趋势与GDP增速变动趋势基本一致。由于社会资金往来的季节性因素更为明显，非现金支付工具业务量的增速波动幅度远大于GDP增速波动幅度。非现金支付工具业务对于提高资金使用效率，对加速社会资金流通，促进经济平稳较快发展起到了积极作用。2010年第三季度，由于我国GDP增速较前两个季度相比出现了小幅回落，非现金支付工具业务量笔数在继续保持上升趋势的情况下，金额增长趋势较2010年前两个季度相比逐渐放缓，与GDP变动趋势保持着较强的相关性（如图2）。

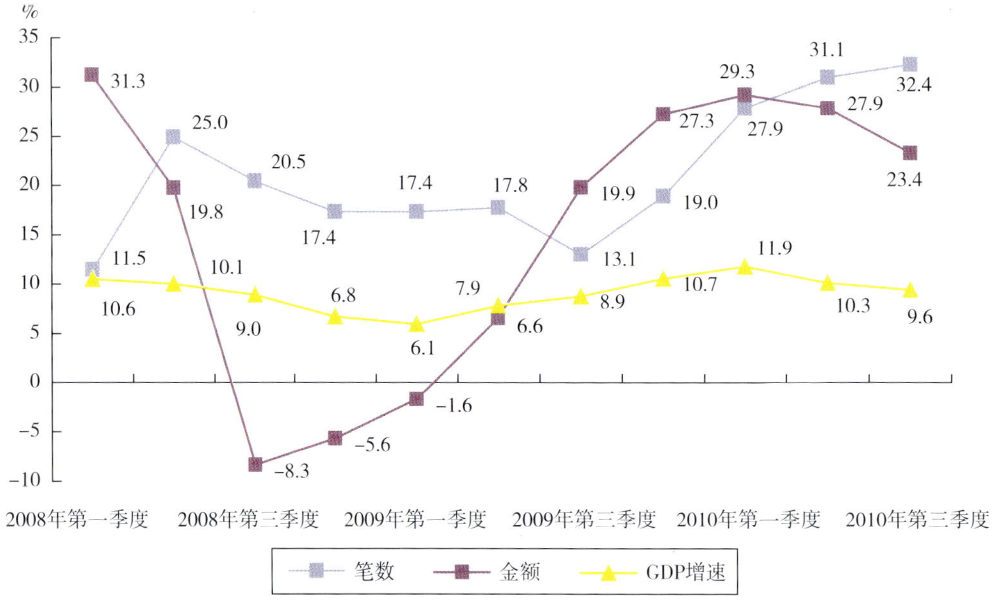

图2　2008年第一季度以来非现金支付工具业务笔数、金额、GDP增速变动趋势图

近年来，内蒙古自治区在党中央、国务院和自治区党委的正确领导下，深入贯彻落实科学发展观，认真落实中央应对国际金融危机的一系列政策措施，实现了经济社会持续快速发展。2010年前三个季度，内蒙古全区生产总值达7 690亿元，同比增长15.5%，增速位列全国第四位；2009年，内蒙古更是以17%的GDP增长速度位居全国首位；自2008年第一季度以来，内蒙古GDP增长始终保持在15%以上。经济的快速发展带动了内蒙古非现金支付工具业务量的快速增长。2010年第三季度，内蒙古共办理非现金支付业务10 358.49万笔，金额36 279.33亿元，同比分别增长70.2%和62.1%，笔数和金额增速双双位列全国第一。非现金支付工具业务量的增长变化趋势较为客观地反映了地区 GDP 增长的变动趋势（如图 3）。

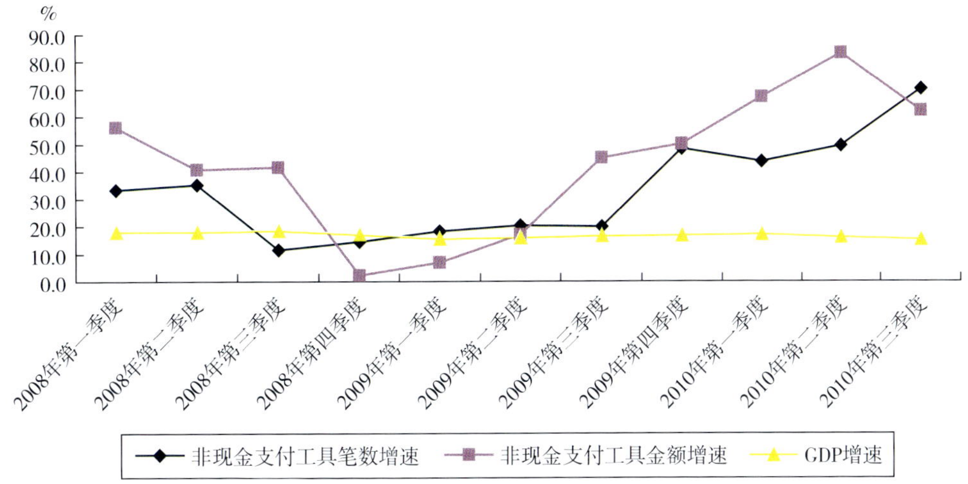

图 3　2008 年第一季度以来内蒙古非现金支付工具业务笔数、金额、GDP 增速变动趋势图

2003—2009 年，我国非现金支付工具对现金的替代作用愈加明显，M_0/GDP 持续保持下降趋势（如图 4）。2009 年我国 M_0/GDP 低于日本 2008 年的比值，接近于新加坡 2008 年的比值，但与北美、欧洲发达国家或地区相比仍存在不小差距（见表 1）。

表 1　2008 年部分国家或地区 M_0/GDP 统计表[①]

单位：%

	美国	加拿大	英国	欧元区[②]	新加坡	日本	中国（2009 年）
M_0/GDP	5.7	3.4	2.8	7.9	10.7	14.0	11.2

从非现金支付工具分布来看，票据业务量占比持续下降，银行卡业务量占比稳步提升，结算方式业务量笔数占比微幅下降，金额占比持续上升。第三季度，全国共发生票据业务 23 018.14 万笔，金额 716 893.81 亿元，占非现金支付工具业务量的 3.2% 和 30.8%，笔数和金额占比同

① 我国 M_0、GDP 为 2009 年统计数据，GDP 来源于国家统计局修正后的统计数据。其他国家数据来自 BIS 报告 *Statistics on payment and settlement systems in selected countries* 2008，均为 2008 年数据。

② 欧元区包括奥地利、比利时、芬兰、法国、德国、爱尔兰、希腊、意大利、卢森堡、荷兰、葡萄牙、西班牙、斯洛文尼亚。

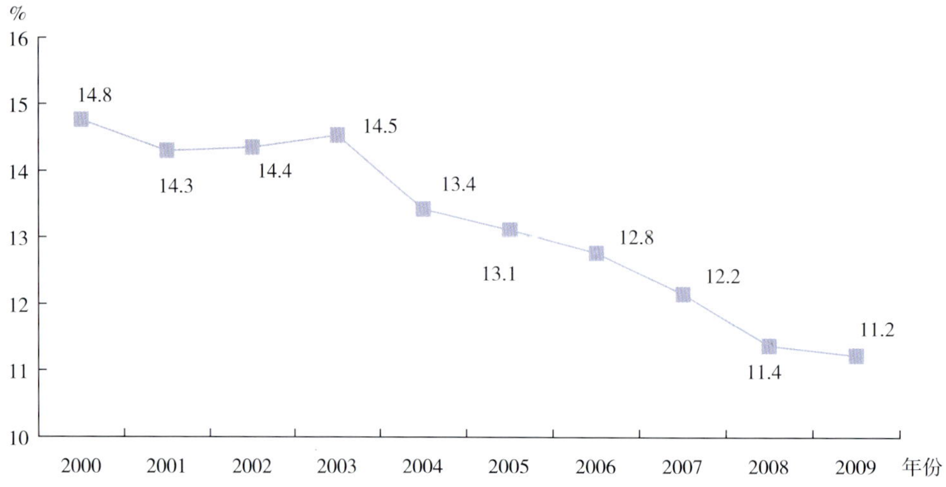

图4　2000年以来M_0占GDP比例趋势图

比分别下降1.0个百分点和6.5个百分点；银行卡业务665 828.76万笔，金额632 877.53亿元，占非现金支付工具业务量的92.9%和27.2%，占比同比分别上升1.2个百分点和4.5个百分点；汇兑、委托收款等结算方式业务27 611.47万笔，金额976 597.36亿元，占非现金支付工具业务量的3.9%和42.0%，笔数占比同比回落0.2个百分点，金额占比同比上升2.0个百分点（如图5、图6）。

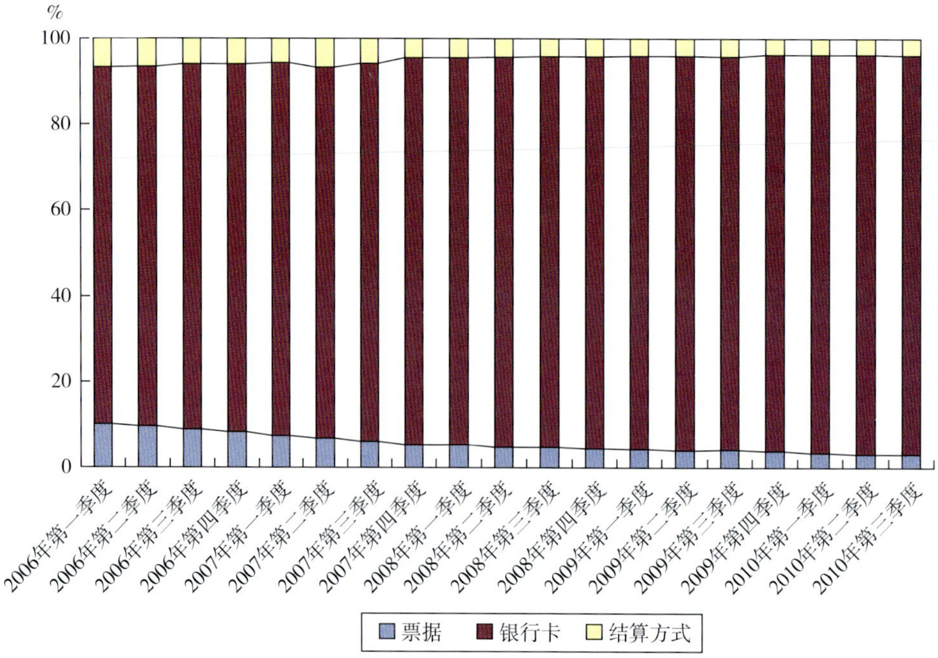

图5　2006年第一季度以来支付工具业务笔数占比变动趋势图

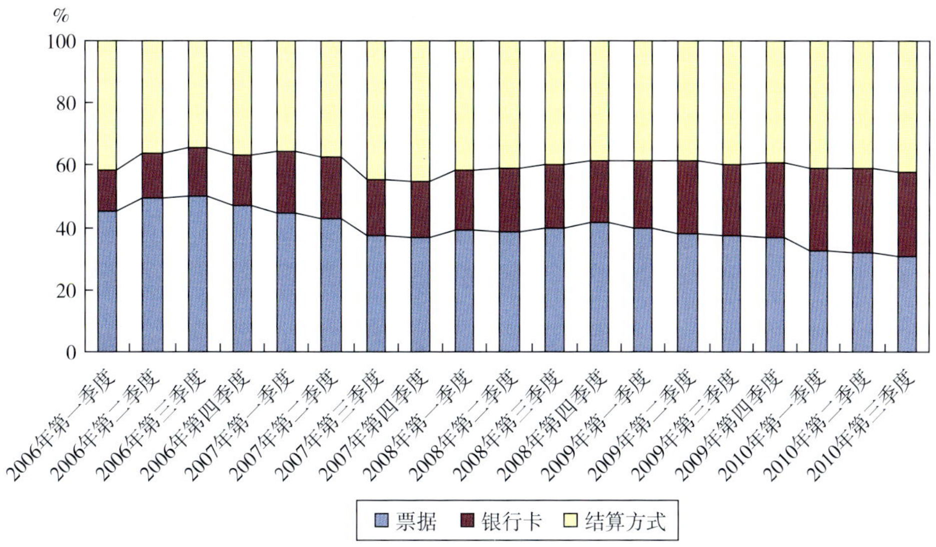

图 6　2006 年第一季度以来支付工具业务金额占比变动趋势图

票据业务同比增速大幅回落，银行卡、结算方式业务快速增长，同比增速持续加快。第三季度，票据业务笔数同比增长 1.0%，较上年同期回落 1.4 个百分点，金额同比增长 2.1%，较上年同期回落 10.7 个百分点；银行卡业务笔数同比增长 34.1%，较上年同期上升 20.3 个百分点，金额同比增长 47.6%，较上年同期上升 15.4 个百分点；结算方式业务笔数同比增长 25.8%，较上年同期上升 15.1 个百分点，金额同比增长 29.5%，较上年同期上升 9.1 个百分点。

专栏 1　国内信用证与贸易融资

一、中国工商银行国内信用证业务开展情况介绍

中国工商银行于 2005 年即投产使用了基于主机系统的国内信用证业务系统，系统内国内信用证方式全部实现电开，业务覆盖全部 35 家一级（直属）分行，国内信用证的市场渗透程度大幅提高。2009 年中国工商银行开证金额达 1 533.98 亿元，较上年增幅 128%；开证客户达 2 612 户，同比增加 1 561 户，增幅 148.5%，均连续三年实现倍数增长。2010 年，中国工商银行国内信用证业务继续保持健康快速的发展态势：前三个季度累计开证金额为 1 607.59 亿元，同比增长 40%，国内信用证项下贸易融资累计发生额为 1 163.32 亿元，

同比增长37%，在全部表内贸易融资业务规模中占比37.24%；国内信用证垫付率仅0.04%。

二、当前我国贸易融资业务市场发展概况

随着国内贸易规模的扩张，我国已成为全球最大的加工制造业基地，银行发展贸易融资业务是解决企业短期融资需求、拓展中小企业市场的主渠道，也是银行回归加工制造和商贸流通领域的发展方向，同时贸易融资对结算和融资资金的封闭管理和严密监控，有效防范了银行信贷风险。贸易融资与供应链金融日益受到广泛的市场关注和重视，各主要银行均加强了贸易融资产品体系、业务渠道等方面的管理。贸易融资产品体系主要包括国内信用证及其项下卖方融资（议付）、打包贷款及买方融资、国内保理、国内发票融资、订单融资、应付款融资、商品融资等基础产品，覆盖预付款、应收款、存货三类企业流动资产。以目前同业可比的国内保理业务为例，中国银行业协会保理专业委员会发布的统计数据显示，2010年上半年我国卖方保理（应收款保理）为4 193.72亿元，买方保理（应付款保理）222.38亿元，其中工商银行卖方保理的同业占比达38%。

三、国内信用证业务在推动贸易融资业务市场发展中的重要作用

（一）国内信用证业务有力带动了贸易融资业务的发展

非证结算项下的国内保理、订单融资、应付款融资与国内信用证项下的融资业务形成对应，而国内信用证除具备期限较短、贸易背景明确、还款来源确定的贸易融资业务共性，作为安全性和专业性极强的支付工具，它的普及使银行在贸易背景审查、贸易过程控制、单据处理等方面积累了大量经验，为贸易融资业务的发展起到了重要的示范带动作用。

（二）国内信用证在供应链金融中具有广泛适用性

国内信用证结算作为一种信用结算方式，不限于其灵活的融资功能，更为购销双方提供了公平的交易环境和信用保障，形成购销银三方的紧密型供应链关系，这是银货两讫的即期结算和基于商业信用的赊销方式所不能比拟的。因此，信用证结算能促进购销双方形成良好的履约记录，培育良好的商业信用。

（三）国内信用证融资是贸易融资业务的中坚力量

目前，国际贸易中信用证稳定在10%～15%的结算份额，较以往有一定缩减，但在新兴市场国家的国内国际贸易中，信用证的产品生命周期仍在上升阶

段，使用率呈稳健增长趋势，在我国贸易活动中推广国内信用证结算和融资的市场空间非常大，以中国工商银行为例，国内信用证结算量（开证量）在贸易结算中比例不足0.1%时，其项下融资量在贸易融资中稳居38%左右的较高比例，因此随着信用证结算的进一步推广，其对贸易融资业务规模的推动作用将更为明显。

四、主要结论及政策建议

（一）加快完善相关业务管理制度

与我国经济结构类似的韩国，其国内信用证结算办法在三十年间共修订了10次，以满足市场发展和监管更新的需要。同样随着我国贸易环境的变化，循环开证、背对背开证、可转让、同业代理等市场需求也不断出现，同时服务贸易和特殊商品贸易（如水、电、气、通信等）涉及的单据与普通商品贸易有较大区别，修订国内信用证结算办法和统一审单规则对于提高各行推广该项业务的积极性，消除各行对审单的理解差异，完善国内信用证的安全交易机制具有重要意义。

（二）推动国内信用证项下单据使用和传递的规范化

单据在信用证结算中是银行付款和议付的凭证，银行处理的是单据而不是货物，因此对单据的制式和性质要求比较高。但因国内贸易中非物权运输单据如货物收据、出库单较普遍，而具有可流通转让性质的提单等物权单据很少，物权单据的缺失很不利于银行监督货物控制权转移和付款/付款保证的同步进行，银行也缺乏物权单据对自身债权的保护。因此，将运输、保险单据完善为物权凭证将很好地促进国内信用证的应用和贸易活动的开展。此外，国内信用证项下单据的交换传递可以通过中央银行票据清算网络进行，较之邮寄更为安全高效。

（三）基于大额实时支付系统实现国内信用证跨行流转

目前，各行基本以本行辖属机构间的信用证业务往来为主，跨行业务量仅约占10%，除了缺乏同业统一的审单规则，还受限于技术手段的支持。通常跨行国内信用证为“信开+SWIFT799报文”，手续和流程较为烦琐，风险不易控制，且成本较高。建议在人民银行大额实时支付系统中增加国内信用证报文格式，实现国内信用证跨行传递、自动加解押的电子化处理，从而规范信用证的跨行流转，拓展国内信用证在国内贸易结算中的市场空间。

（中国工商银行供稿）

（一）票据

第三季度，全国共发生票据业务 23 018.14 万笔，金额 716 893.81 亿元，同比分别增长 1.0% 和 2.1%，日均业务 250.20 万笔[①]，金额 7 792.32亿元。

受惠于国家区域协调发展战略，中西部地区票据业务持续快速增长。区域协调发展是加快国民经济结构战略性调整和转变经济发展方式的迫切需要，是缩小区域发展差距、全面实现建设小康社会宏伟目标的重要举措。近年来，中部崛起、西部大开发战略政策效应逐渐体现，中西部地区国民经济活跃程度不断提高，票据业务发展迅速。第三季度，中部地区票据支付需求依然旺盛，业务量持续快速增长，票据业务笔数、金额同比分别增长 11.0% 和 17.8%；西部地区企事业单位经济活动程度不断提高，票据业务量稳步增长，票据业务笔数、金额同比分别增长 5.7% 和 16.3%；东部地区依然占据市场份额的一半以上，但占比持续下降，票据业务增速继续呈现小幅回落趋势；东北地区票据业务笔数基本保持稳定，但业务金额同比快速增长（见表 2，如图 7）。

表 2　2010 年第三季度各地区票据业务发展状况统计表

单位:%、个百分点

地区	笔数			金额		
	占比	占比同比变动	同比增长率	占比	占比同比变动	同比增长率
东北地区	6.5	-0.1	-0.4	4.1	0.6	19.5
西部地区	20.6	0.9	5.7	12.9	1.6	16.3
中部地区	22.3	2.0	11.0	11.4	1.5	17.8
东部地区	50.6	-2.8	-4.4	71.7	-3.7	-2.9

① 按 92 日计算，如无特别注明，下同。

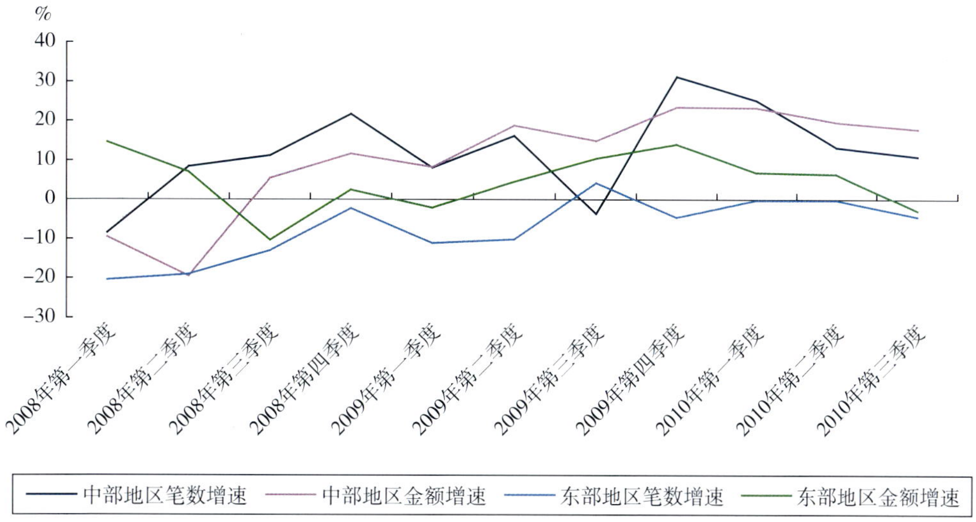

图7　2008年第一季度以来中部、东部地区票据同比增速变动趋势图

1. 支票

支票业务量保持平稳增长，支票单笔金额略有上升。第三季度，支票业务22 403.46万笔，金额655 137.77亿元。同比分别增长0.8%和1.6%，同比增速分别回落1.5个百分点和9.6个百分点。日均业务243.52万笔，金额7 121.06亿元，同比分别下降1.4%和0.6%。平均每笔支票业务金额为29.24万元，同比增长0.8%（如图8）。第三季度

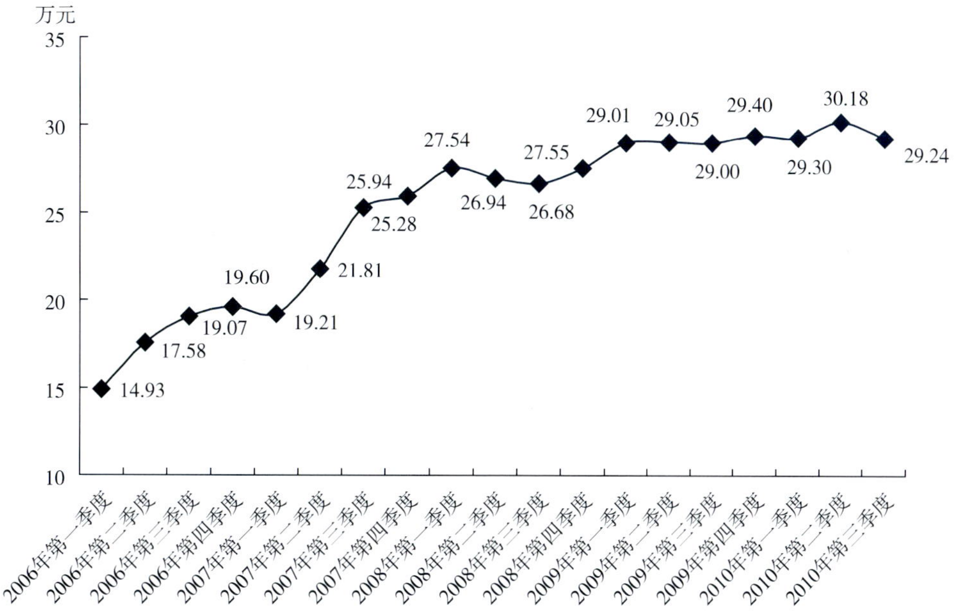

图8　2006年第一季度以来每季度平均单笔支票金额增长趋势图

单位支票业务 22 107.84 万笔，金额 653 876.33 亿元，同比分别增长 0.6% 和 1.6%；个人支票业务 295.63 万笔，金额 1 261.44 亿元，同比分别增长 13.0% 和 11.7%。

北京、上海等经济较发达地区支票业务平稳发展，笔数同比基本持平，金额同比略有下降。第三季度，北京、广东、浙江、江苏、山东、上海六省（市）支票业务 9 558.24 万笔，同比增长 0.3%，全国占比达 42.7%，占比同比下降 0.2 个百分点。六省（市）支票业务金额 420 553.85亿元，同比下降 1.5%，全国占比达 64.2%，占比同比下降 2.0 个百分点。其他地区共发生支票业务 12 845.22 万笔，金额 234 583.92亿元，同比分别增长 1.1% 和 7.7%（如图 9、图 10）。

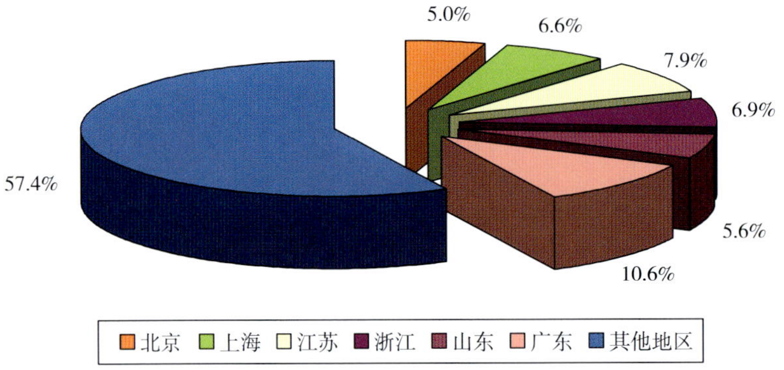

图 9　2010 年第三季度主要地区支票业务笔数占比示意图

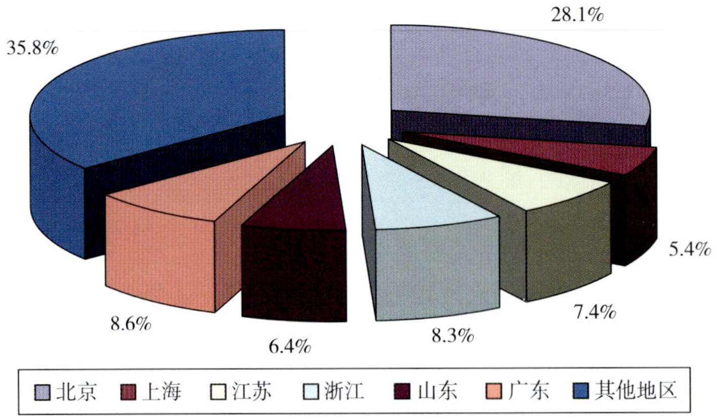

图 10　2010 年第三季度主要地区支票业务金额占比示意图

山西支票业务发展迅速，业务笔数及金额均有较大增长，业务笔数

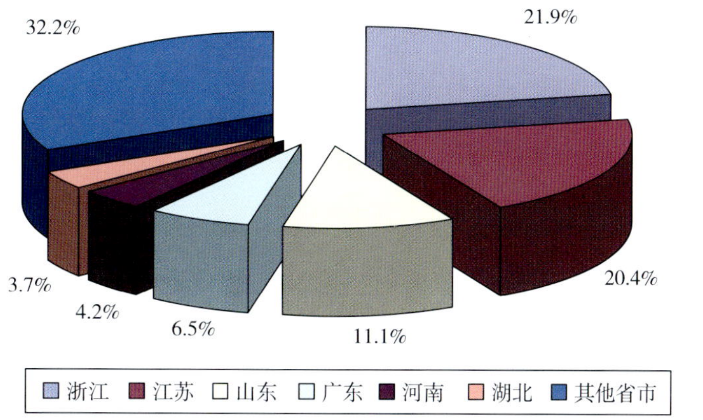

图 15　2010 年第三季度各省（市、自治区）银行承兑汇票业务笔数占比示意图

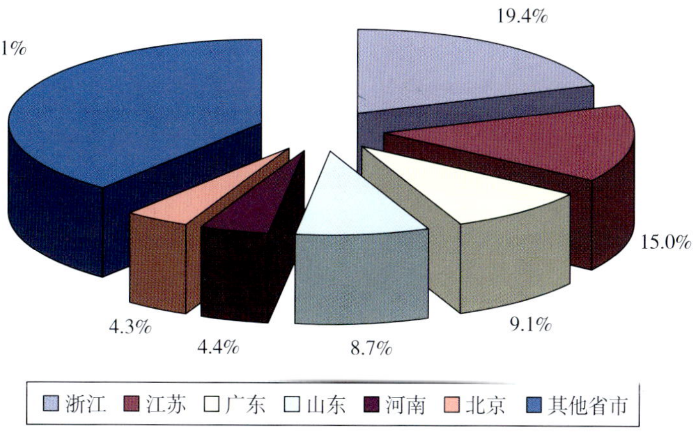

图 16　2010 年第三季度各省（市、自治区）银行承兑汇票业务金额占比示意图

商业承兑汇票业务笔数同比下降，业务金额持续增长。第三季度，实际结算商业承兑汇票业务 5.08 万笔，同比下降 3.2%，金额 1 440.33 亿元，同比增长 11.1%。广东、上海、浙江、山东、湖北、江苏等六省（市）商业承兑汇票业务量全国占比较大，合计达 80.2%，浙江、北京、广东、上海、江苏、山东等六省（市）商业承兑汇票业务金额全国占比较大，合计达 86.6%（如图 17、图 18）。

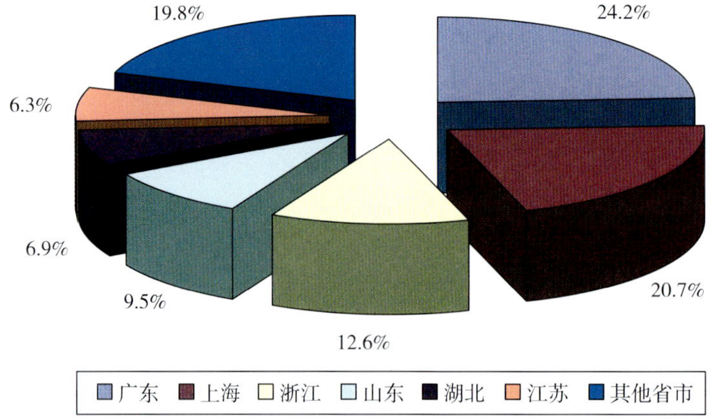

图 17　2010 年第三季度各省（市、自治区）商业承兑汇票业务笔数占比示意图

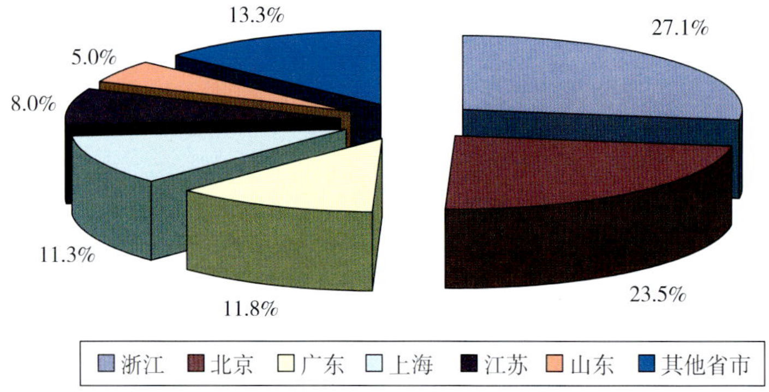

图 18　2010 年第三季度各省（市、自治区）商业承兑汇票业务金额占比示意图

票据融资小幅下降[①]。受金融机构加强信贷资产结构调整，通过压缩票据融资规模以扩大贷款投放等因素影响，票据融资延续了 2010 年以来的下降趋势，票据融资比年初减少 8 098 亿元，同比少增 1.7 万亿元，截至 2010 年 9 月末，票据融资余额比上季度末下降 1 574 亿元。前三个季度，累计贴现 18.1 万亿元，同比持平；累计办理再贴现 979 亿元，同比增加 885 亿元。截至 2010 年 9 月末，商业汇票未到期金额 5.0 万亿元，同比增长 16.3%；贴现余额 1.6 万亿元，同比下降 43.9%；再贴现余额 561 亿元，同比增加 483 亿元。

① 本段涉及数据来源于中国人民银行发布的《中国货币政策执行报告》（2010 年第三季度）。

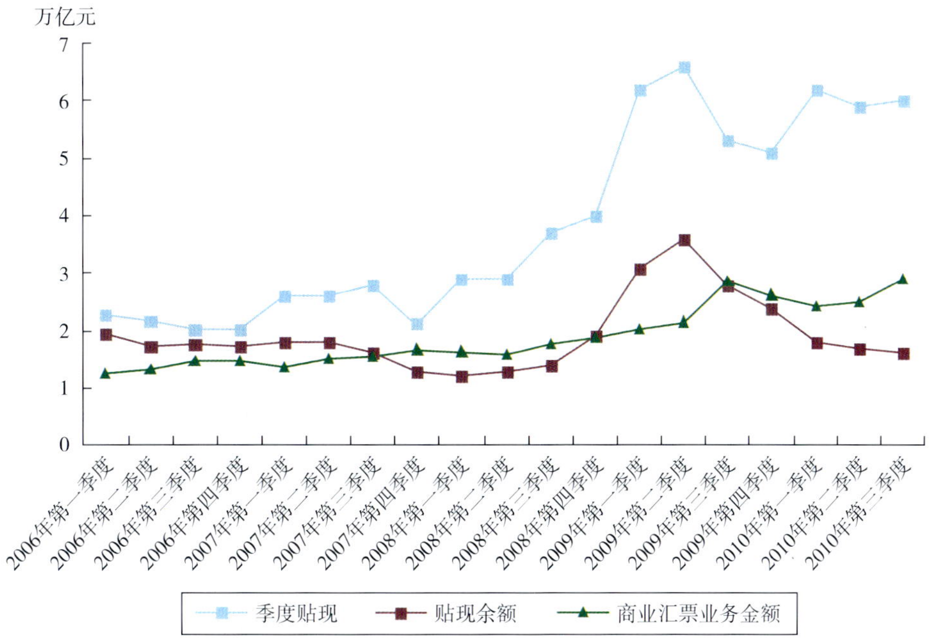

图 19　2006 年第一季度以来票据贴现金额、余额、商业汇票业务金额趋势图

商业汇票逾期垫款金额环比和同比均有所下降，票据风险防范成效逐渐显现。自 2007 年以来，商业汇票逾期垫款金额总体呈下降趋势（如图 20）。第三季度末，全国银行业金融机构商业汇票逾期垫款金额为 98.23 亿元，环比下降 6.8%，同比下降 12.1%。分行别分析，股份制商业银行逾期垫款金额 38.26 亿元，环比下降 3.5%，全国占比为 39.0%，占比环比上升 1.4 个百分点；国有商业银行逾期垫款金额 26.93 亿元，环比下降 13.2%，全国占比为 27.4%，占比环比下降 2.0 个百分点；其他金融机构[①]逾期垫款金额 33.04 亿元，环比下降 4.9%，全国占比为 33.6%，占比环比上升 0.6 个百分点。分地区看，商业汇票逾期垫款金额排名居前四位的浙江（17.44 亿元）、山东（13.88 亿元）、广东[②]（13.04 亿元）、江苏（7.90 亿元）四省占比合计达 53.2%。

---

① 其他金融机构包括城市商业银行、城市信用社、农村商业银行、农村信用社、中国邮政储蓄银行、外资银行，下同。

② 包括深圳市。

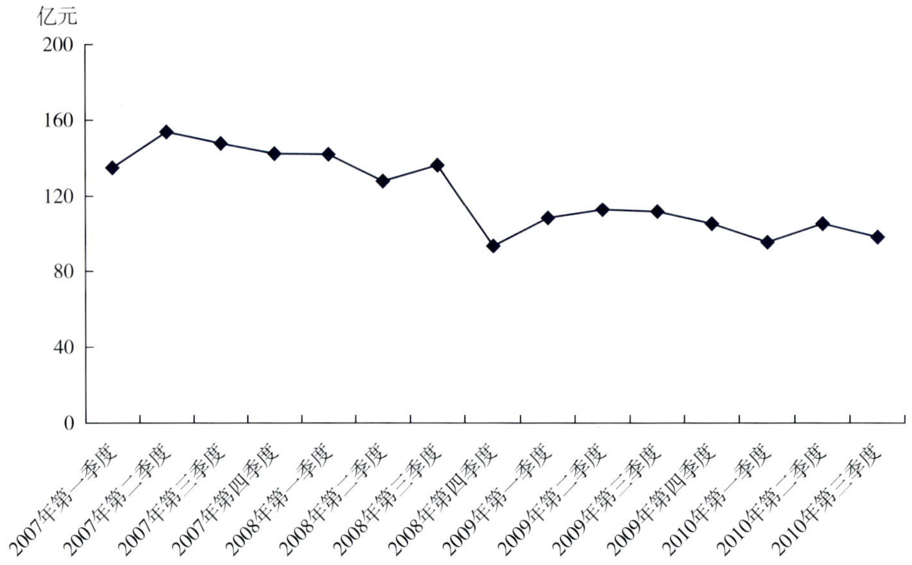

图 20　2007 年第一季度以来商业汇票逾期垫款金额变动趋势图

农村信用社等涉农金融机构[①]**票据逾期垫款金额环比出现下降趋势，但潜在票据风险应继续加以关注。**自 2008 年以来，农村信用社等涉农金融机构票据逾期垫款金额同比增速始终持续高位，与同期全国金额同比负增长的运行趋势形成鲜明对比，风险聚集度较高。第三季度末，农村信用社等涉农金融机构逾期垫款金额为 24. 94 亿元，同比增长 140. 4%，票据潜在风险凸显。但同第二季度相比，金额环比下降 4. 0%，农村信用社等涉农金额机构强化票据业务管理和风险控制工作初见成效，但风险管理意识仍需进一步强化（如图 21）。

3. 银行汇票、银行本票

银行汇票业务笔数、业务金额延续萎缩态势，华东三省一市的银行汇票业务量占比持续下降。第三季度，银行汇票业务 174. 58 万笔，金额 10 024. 82 亿元，同比分别下降 4. 6% 和 2. 9%。其中，上海、江苏、浙江和安徽华东三省一市共发生银行汇票业务笔数 115. 08 万笔，金额 7 483. 89亿元，分别占全国业务量的 65. 9% 和 74. 7%，占比同比回落

① 包括农村信用社、农村商业银行和农村合作银行。

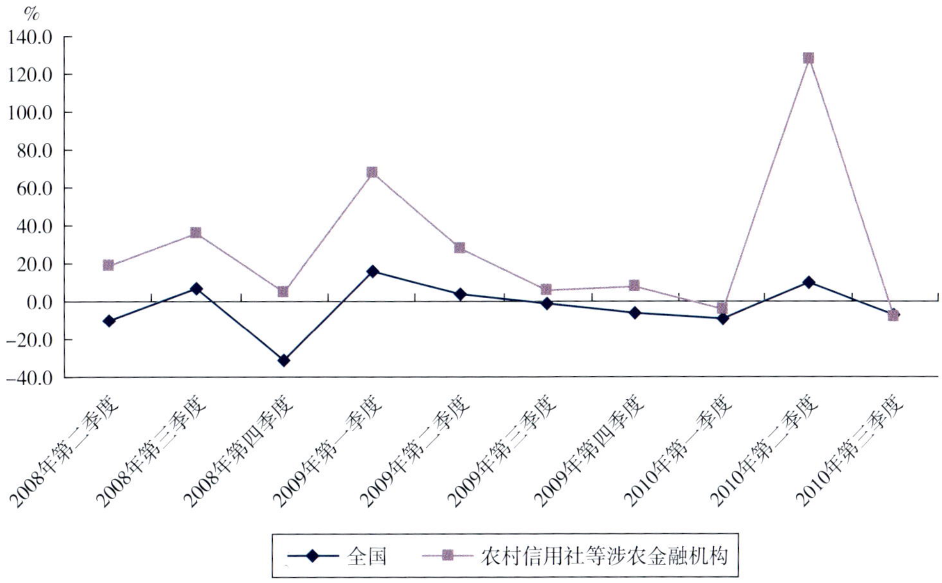

图 21　2008 年第二季度起商业汇票逾期垫款金额环比变动趋势图

6.4 个百分点和 0.6 个百分点。

银行本票业务笔数及金额同比快速增长。第三季度，银行本票业务 196.35 万笔，金额 21 285.57 亿元，同比分别增长 16.8% 和 19.4%（如图 22）。浙江、江苏、上海三省（市）共发生银行本票业务笔数 191.86 万笔，金额 20 671.05 亿元，分别占全国业务量的 97.7% 和 97.1%。

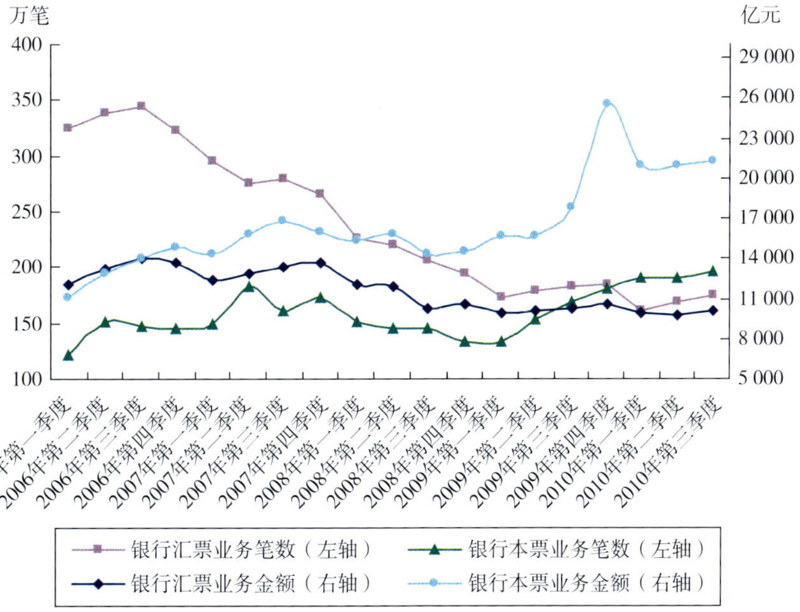

图 22　2006 年第一季度以来银行票据业务量变动趋势图

表4　2010年第三季度银行汇票业务对比表

单位：%、个百分点

地区	2009年第三季度		2010年第三季度		同比变动	
	笔数占比	金额占比	笔数占比	金额占比	笔数占比	金额占比
上海	1.2	1.3	0.9	1.3	-0.3	0.0
江苏	36.0	23.6	26.4	22.5	-9.6	-1.1
浙江	22.2	41.0	19.8	37.9	-2.4	-3.1
安徽	13.0	9.4	18.7	12.9	5.7	3.5
其他省区	27.6	24.7	34.2	25.4	6.6	0.7

表5　2010年第三季度银行本票业务对比表

单位：%、个百分点

地区	2009年第三季度		2010年第三季度		同比变动	
	笔数占比	金额占比	笔数占比	金额占比	笔数占比	金额占比
上海	37.7	46.6	13.6	9.9	-24.1	-36.7
江苏	38.1	32.5	37.3	33.4	-0.8	0.9
浙江	21.9	17.5	46.8	53.9	24.9	36.4
其他省区	2.3	3.4	2.3	2.8	0.0	-0.6

（二）银行卡

1. 银行卡发卡

银行卡发卡机构继续增加。截至第三季度末，加入银联网络的成员机构[①]274家，较第二季度末增加7家。其中，境内成员机构222家，境外成员机构52家。

银行卡发卡量持续稳定增长，借记卡和信用卡发卡同比增速双双回落。截至第三季度末，全国累计发行银行卡237 985.51万张（如图23），

---

① 银联成员机构是指经审核程序、接入银联网络开办银联卡跨行业务的机构，其中境内成员机构全部是发卡机构，境外成员机构中发卡机构46家，其他机构6家。

同比增长14.6%，增速较上年同期回落5.5个百分点；较第二季度末新增11 413.62万张，增长5.0%。其中，借记卡累计发卡量为215 752.77万张，较第二季度末增长4.8%，同比增长13.4%，增速较上年同期回落5.7个百分点；信用卡累计发卡量为22 232.74万张，较第二季度末增长7.3%，同比增长26.9%，增速较上年同期下降6.4个百分点（如图24）。

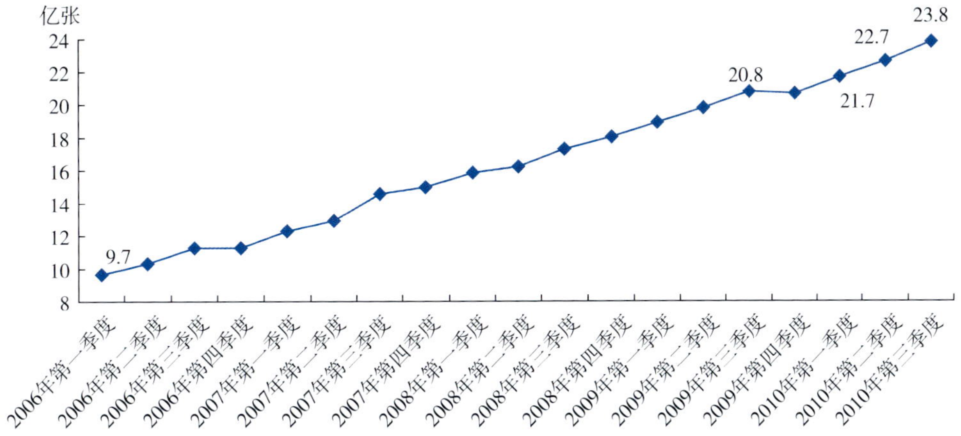

图23　2006年第一季度以来银行卡季末存量变动趋势图

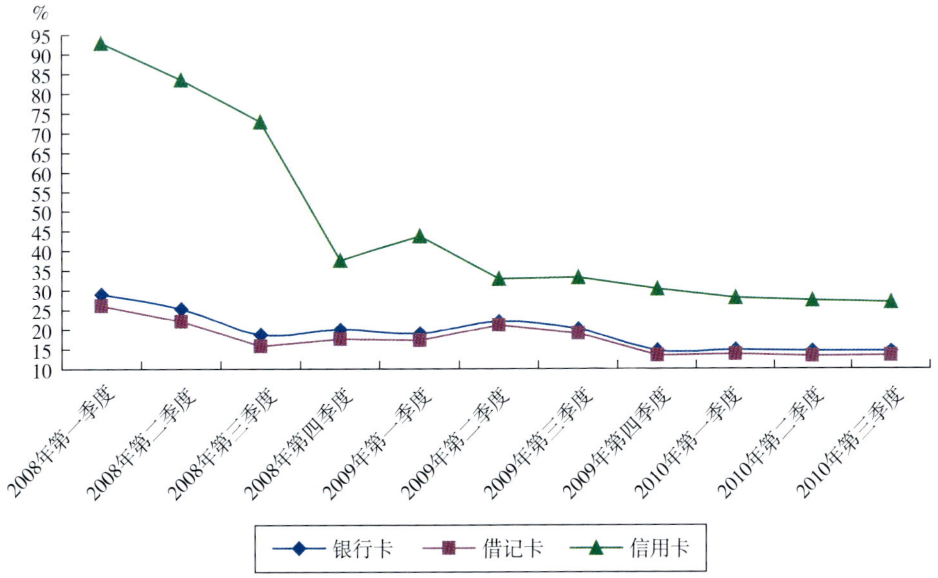

图24　2008年第一季度以来银行卡、借记卡、信用卡同比增幅变动示意图

借记卡累计发卡量仍占绝对优势，信用卡累计发卡量占比略有增加。第三季度末，借记卡占银行卡累计发卡量的90.7%，占比同比回落0.9个百分点。借记卡累计发卡量与信用卡累计发卡量之间的比例约为9.75:1，低于第二季度末比例，信用卡累计发卡量占比小幅增加（如图25）。

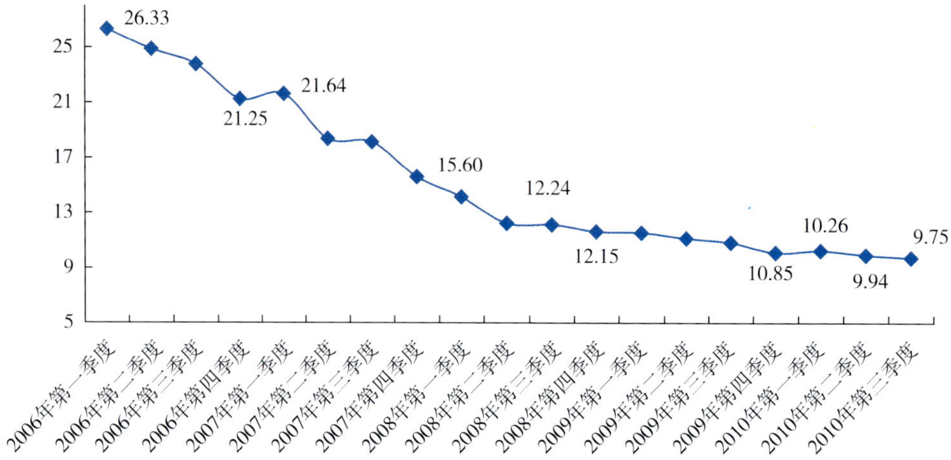

图25　2006年第一季度以来借记卡与信用卡发卡季末存量比例变动示意图

国有商业银行发卡市场份额继续下降，农村商业银行和中国邮政储蓄银行银行卡发卡市场份额保持较快增长。截至第三季度末，国有商业银行累计发卡127 341.77万张，占银行卡累计发卡量的53.5%，占比同比回落3.2个百分点；股份制商业银行累计发卡37 364.60万张，占银行卡累计发卡量的15.7%，占比同比上升0.2个百分点；城市商业银行累计发卡11 963.08万张，占银行卡累计发卡量的5.0%，占比同比上升0.3个百分点；中国邮政储蓄银行累计发卡39 653.05万张，占银行卡累计发卡量的16.7%，占比同比上升1.1个百分点；农村商业银行累计发卡8 890.04万张，占银行卡累计发卡量的3.7%，占比同比上升1.0个百分点；农村信用社累计发卡12 696.86万张，占银行卡累计发卡量的5.3%，占比同比上升0.5个百分点（如图26、图27）。

信用卡发卡市场集中度依然较高，国有商业银行信用卡发卡市场份额略有增长，股份制银行市场份额略有下降。截至第三季度末，国有商

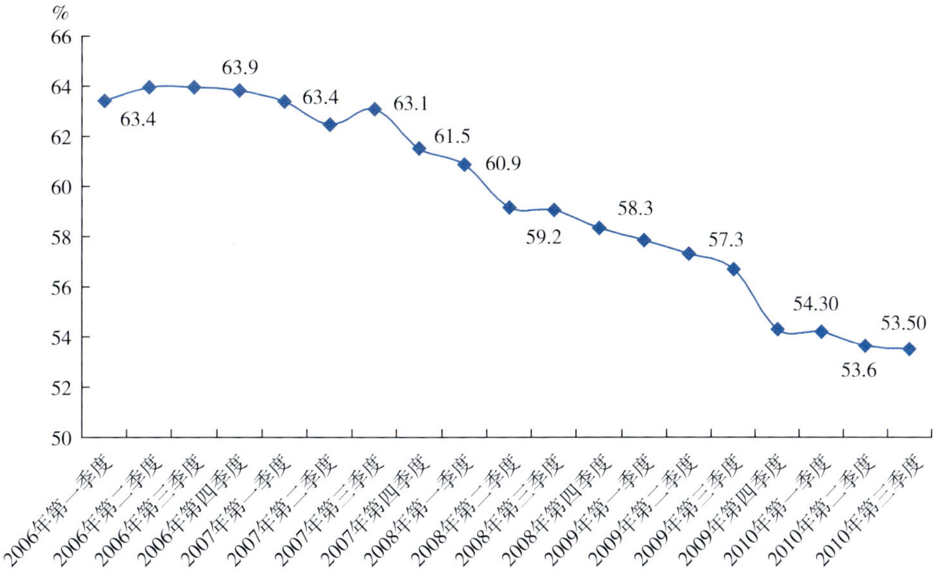

图 26　2006 年第一季度以来国有商业银行累计发卡量占比变动示意图

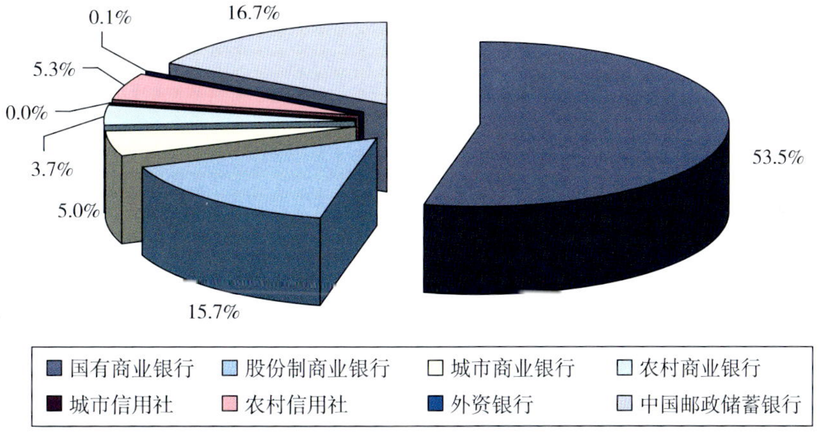

图 27　2010 年第三季度末行别间累计发卡量占比示意图

业银行信用卡累计发卡 13 502.40 万张，同比增长 27.5%，占全国信用卡累计发卡总量的 60.7%，占比同比上升 0.3 个百分点；股份制商业银行信用卡累计发卡 7 737.08 万张，同比增长 23.0%，占全国信用卡累计发卡总量的 34.8%，占比同比回落 1.1 个百分点。第三季度，期末信用卡存量居前 5 位的银行的信用卡合计数量占全国信用卡累计发卡总量的 68.5%，虽然较第二季度回落 0.3 个百分点，但信用卡发卡市场集中度依然较高（如图 28）。

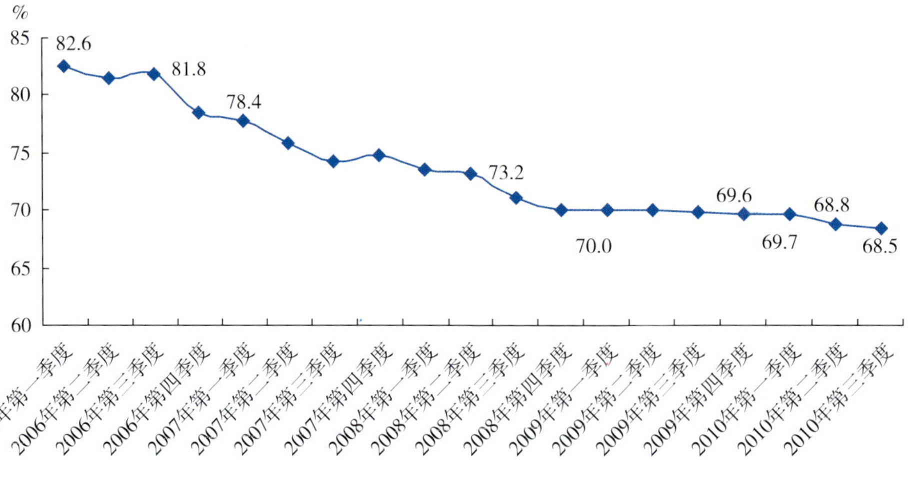

图 28　2006 年第一季度以来信用卡发卡市场集中度示意图

经济较发达地区银行卡人均[①]拥有量较高，仍有五省（自治区）银行卡人均拥有量低于 1 张。截至第三季度末，全国银行卡人均拥有量为 1.78 张。其中，北京、天津、上海、广东、浙江、江苏和福建银行卡人均拥有量居前七位，分别为 6.61 张、5.73 张、5.59 张、3.41 张、2.88 张、2.54 张和 2.28 张，远高于全国平均水平；全国仍有安徽、云南、青海、西藏和贵州五个省（自治区）银行卡人均拥有量仍在 1 张以下（如图 29）。

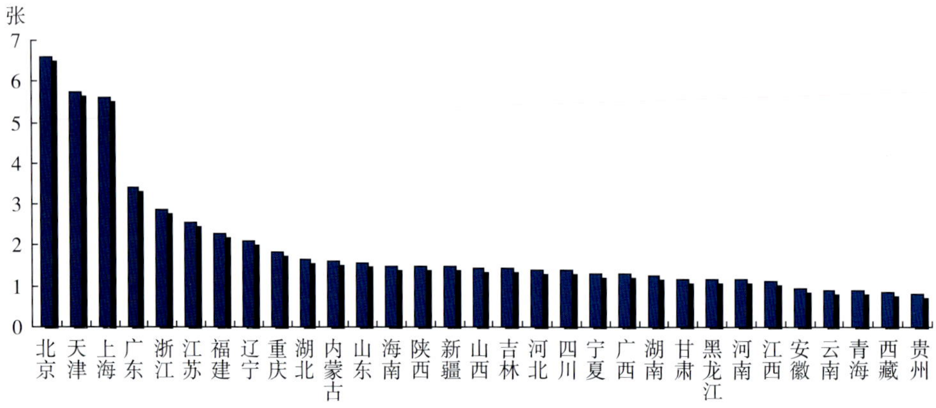

图 29　2010 年第三季度末全国各省（市、自治区）银行卡人均持卡量对比图

① 各省（市、自治区）人口数据均为 2009 年年末数据，来源于各地《2009 年国民经济和社会发展统计公报》，下同。

经济较达发达地区信用卡人均拥有量保持在较高水平。截至第三季度末，全国人均信用卡拥有量为0.17张。从各省（市、自治区）具体情况来看，北京、上海两地信用卡人均拥有量较大，分别为1.12张、1.05张，远高于全国平均水平（见表6），而西藏、贵州等省（自治区）信用卡人均拥有量仍小于0.05张。

表6　2010年第三季度末我国部分地区人均信用卡拥有量统计表

单位：万张、张/人

地区	信用卡累计发卡量	信用卡人均拥有量
北京	1 964.09	1.12
上海	2 014.68	1.05
天津	567.13	0.46
广东	3 268.21	0.34
浙江	1 716.82	0.33

2. 银行卡受理

截至第三季度末，银行卡跨行支付系统联网商户200.0万户，联网POS机具308.50万台，ATM 24.78万台，较第二季度末分别增加18.9万户、26.1万台和1.73万台（如图30）。

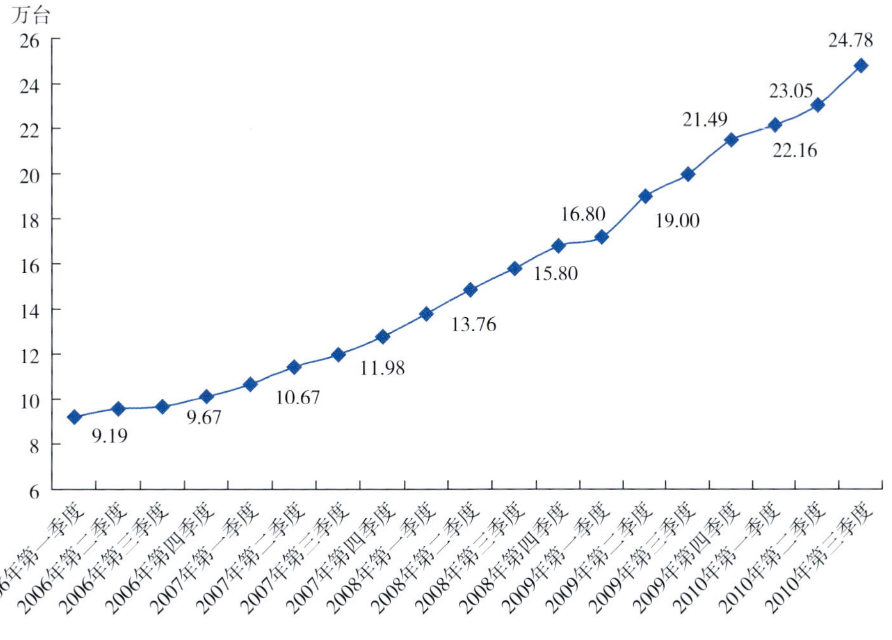

图30　2006年第一季度以来全国ATM终端布放情况示意图

银行卡受理环境明显改善。截至第三季度末，我国每台 ATM 对应的银行卡数量为9 604 张，同比减少7.7%；每台 POS 对应的银行卡数量为771 张，同比减少 15.6%（如图 31）。近年来，我国的银行卡受理市场建设成效显著，每台 ATM 和 POS 对应的银行卡数量不断减少，但与发达国家①相比依然存在不小差距（见表 7）。

表 7　部分国家银行卡受理市场统计表

单位：万台、张

	加拿大	法国	德国	意大利	新加坡	中国
ATM	6.0	5.3	8.0	5.5	0.2	24.78
POS	63.1	137.7	59.3	133.4	8.4	308.50
银行卡数量/ATM	1 564	1 928	1 723	1 517	15 701	9 603
银行卡数量/POS	149	75	231	62	374	771

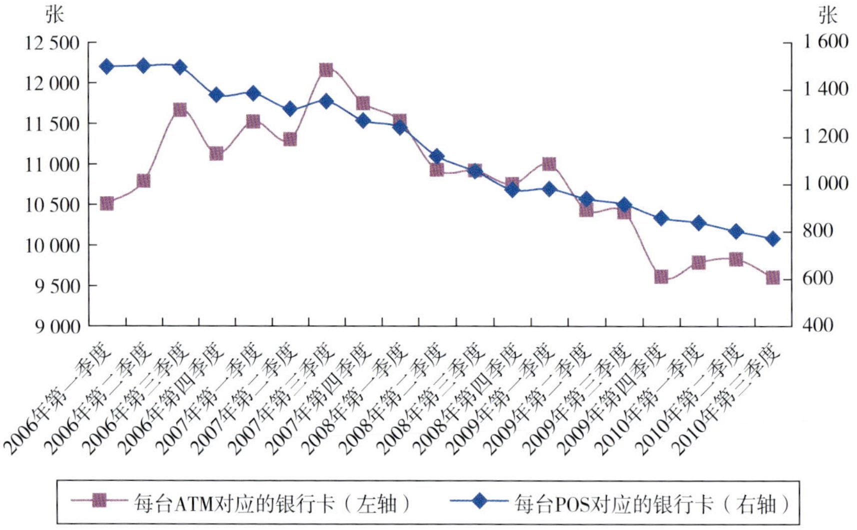

图 31　2006 年第一季度以来我国每台 POS、ATM 对应的银行卡数量示意图

银行卡受理环境建设成效逐渐显见，各省（市、自治区）每万人对应 ATM 数量均有不同程度增加。截至第三季度末，全国平均每万人对应 ATM 1.86 台，同比增长 24.1%。其中北京、上海、浙江、广东和天津名列前五位，每万人对应 ATM 数量分别为 6.79 台、6.06 台、3.79

① 数据来自 BIS 报告 *Statistics on payment and settlement systems in selected countries* 2008，均为 2008 年数据，下同。

台、3.58台和3.27台（如图32）。与第二季度相比，内蒙古、河北、重庆、广东和宁夏每万人对应ATM数量增幅名列前五位，环比分别增长了31.1%、27.9%、21.6%、19.3%和14.4%。

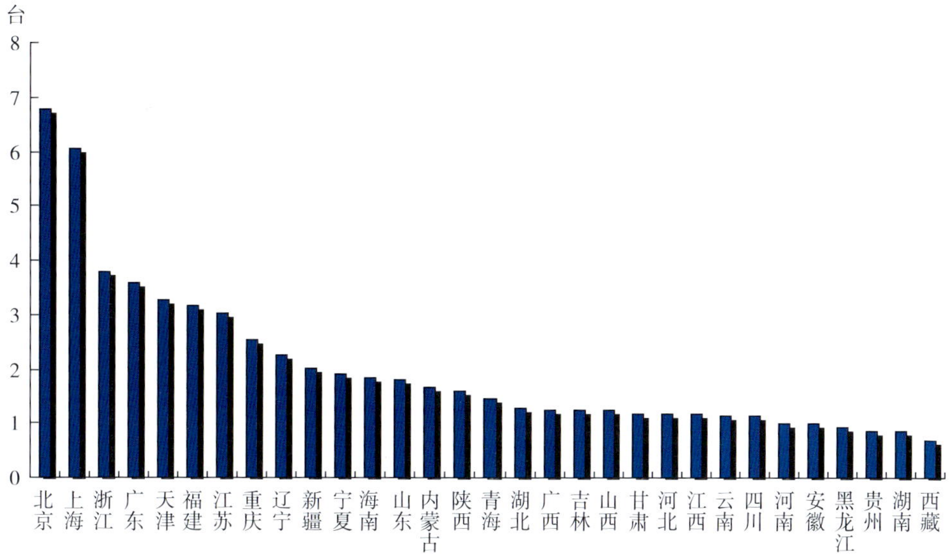

图32　2010年第三季度我国各省（市、自治区）每万人对应ATM数量对比图

3. 银行卡业务

社会公众持卡用卡意识不断增强，银行卡业务量持续大幅增长。第三季度，发生银行卡业务665 828.77万笔，同比增长34.1%，增速较上年同期加快20.3个百分点；业务金额632 877.5亿元，同比增长47.6%，增速较上年同期加快15.4个百分点。第三季度日均发生银行卡业务7 237.27万笔，金额6 879.10亿元，较第二季度分别增长3.2%和8.1%（如图33）。

银行卡各类业务量均大幅增长。第三季度，银行卡存现业务118 082.52万笔，金额109 512.68亿元，同比分别增长29.5%和30.3%；银行卡取现业务300 833.85万笔，金额132 818.86亿元，同比分别增长28.1%和46.8%；银行卡转账业务120 984.23万笔，金额364 585.87亿元，同比分别增长52.9%和55.1%（如图34）。银行卡已逐渐成为社会公众使用频率最高的非现金支付工具，业务量保持持续快速增长。

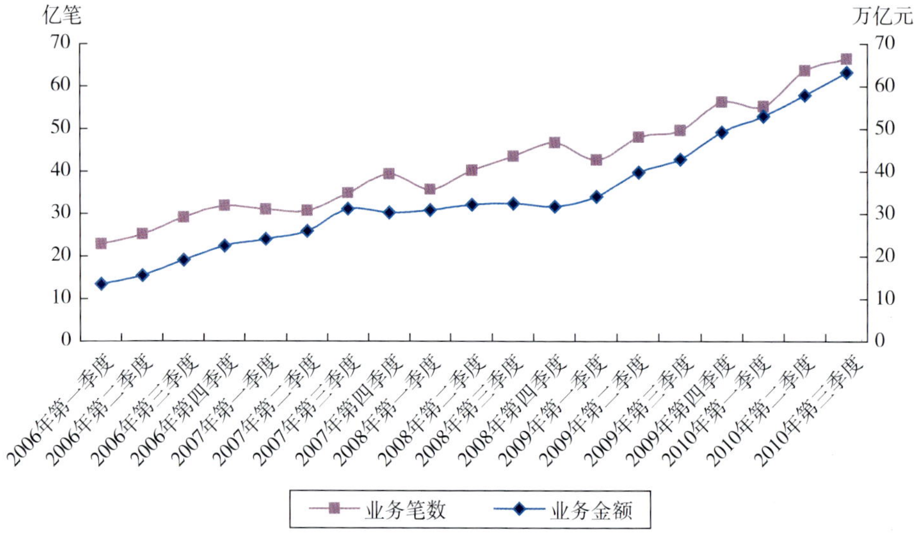

图 33　2006 年第一季度以来银行卡业务量变动示意图

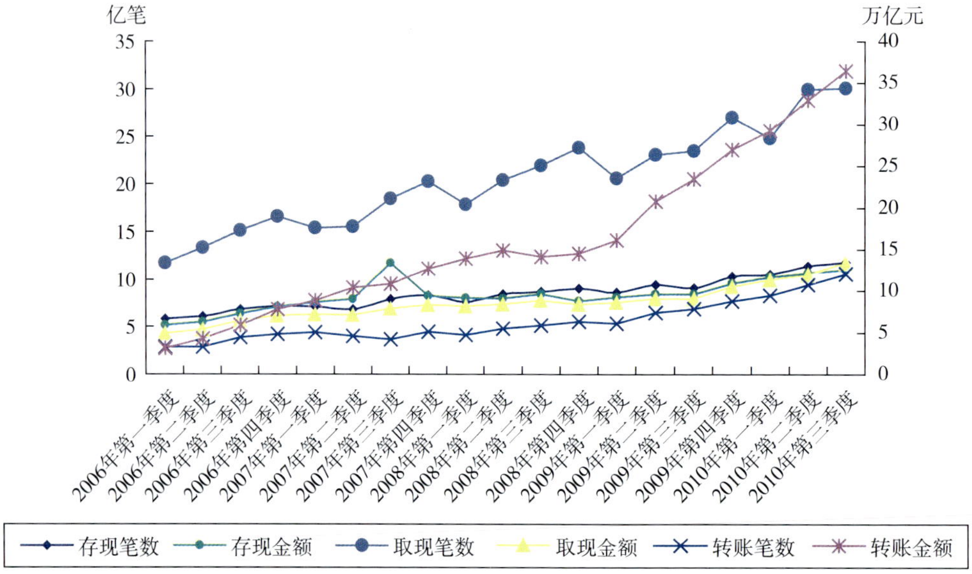

图 34　2006 年第一季度以来银行存取现、转账笔数和金额变动示意图

银行卡存现、取现业务占比持续下降，消费、转账业务占比略有上升。第三季度，银行卡存现、取现业务笔数、金额占银行卡业务总量的 62.9% 和 38.3%，占比同比分别下降 2.8 个百分点和 2.4 个百分点。银行卡消费业务 125 928.17 万笔，金额 25 960.09 亿元，笔数、金额分别占银行卡业务量的 18.9% 和 4.1%，笔数占比同比上升 0.5 个百分点，金额占比同比下降 0.4 个百分点。银行卡转账业务笔数、金额占银行卡业务量的 18.2% 和 57.6%，占比同比分别上升 2.3 个百分点和 2.8 个百分点（如图 35、图 36）。银行卡非现金支付功能逐步显现，银行卡刷卡消费业务量日益增多，转账业务金额快速增长，存现、取现业务占比持续下降。

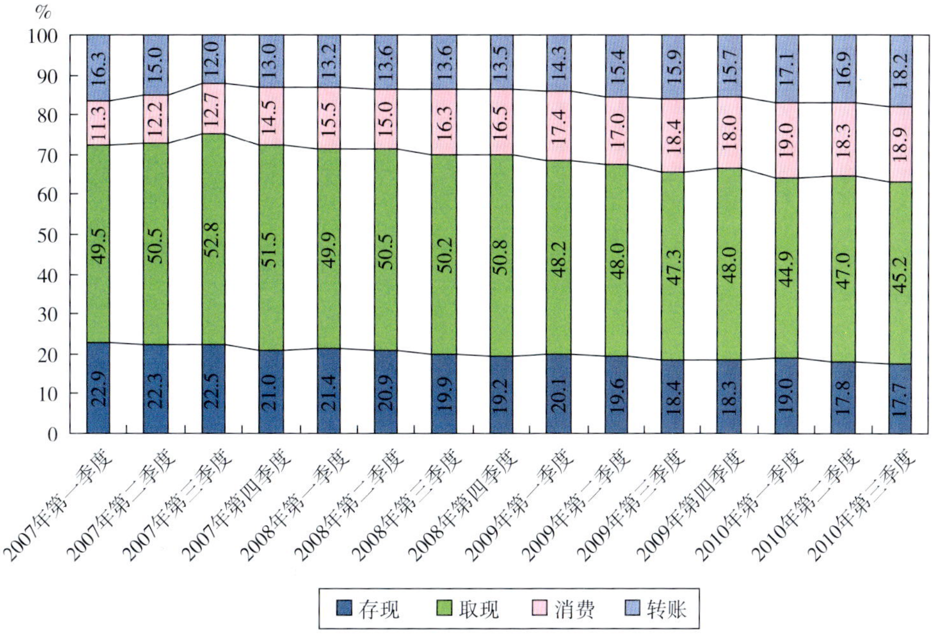

图 35　2007 年第一季度以来银行卡业务笔数占比变动示意图

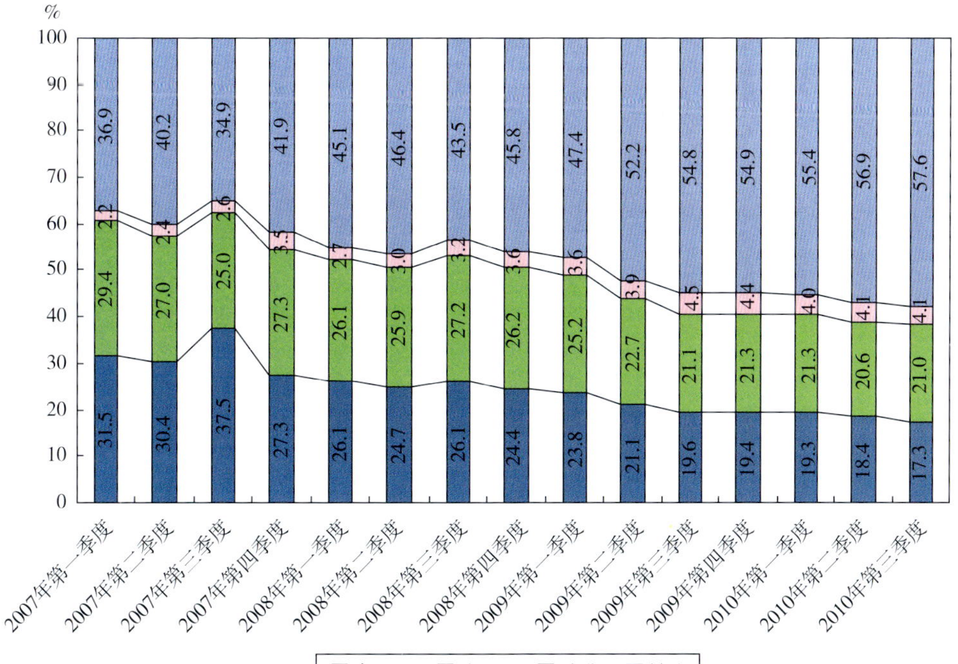

图 36　2007 年第一季度以来银行卡业务金额占比变动示意图

银行卡消费业务持续快速增长，不断推动社会消费品零售市场发展。银行卡渗透率持续提升，银行卡消费在拉动内需方面的作用日趋明显。第三季度，银行卡消费业务 125 928.17 万笔，金额 25 960.09 亿元，同比分别增长 38.1% 和 35.7%（如图 37）。随着我国国民经济回升向好趋势进一步巩固，社会消费品零售市场日趋活跃，国家一系列促进消费政策的效应逐步体现，银行卡消费交易金额继续保持高速增长态势。第三季度，银行卡渗透率达到 35.0%，比上年同期提高 0.3 个百分点。银行卡刷卡对于拉动内需、提升即期消费意愿、促进社会消费品零售市场发展发挥着越来越重要的作用。

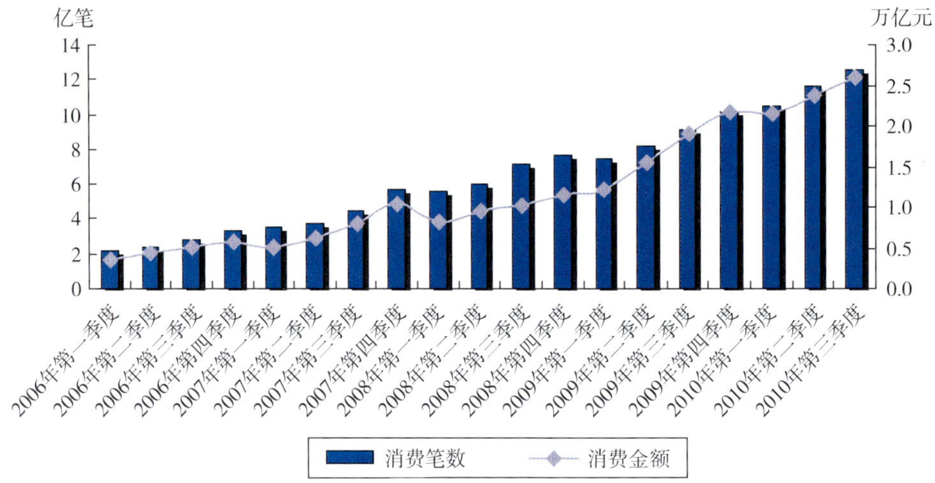

图 37　2006 年第一季度以来银行卡业务消费笔数、金额变动示意图

银行卡卡均消费金额同比持续增长，笔均消费金额同比略有下降。第三季度，全国银行卡卡均消费金额和笔均消费金额分别为 1 091.00 元和 2 062.00 元，卡均消费金额同比增长 18.4%，笔均消费金额同比减少 1.8%。卡均消费金额和笔均消费金额较第二季度分别增长 4.2% 和 1.3%，均呈现环比小幅增长态势（如图 38）。

全国人均银行卡消费金额同比持续快速增长，经济较发达省份人均银行卡消费金额较高。第三季度，全国人均银行卡消费金额 1 945 元，同比增长 35.7%。其中，北京、上海、浙江、天津、广东、江苏、福建、辽宁等 8 个省（市）人均银行卡消费金额高于全国平均水平，分别

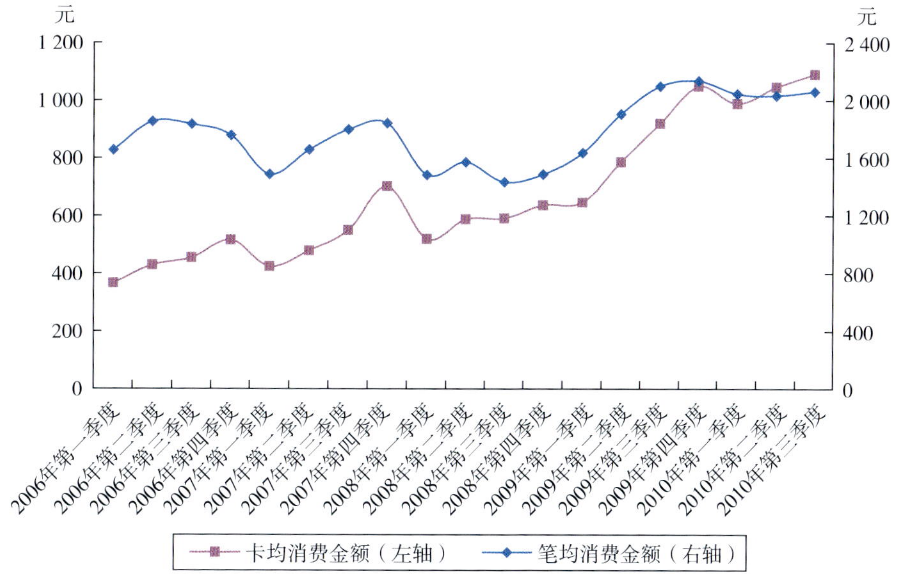

图 38　2006 年第一季度以来全国卡均消费金额、笔均消费金额变动示意图

达到 9 215 元、7 985 元、5 672 元、3 786 元、3 275 元、2 978 元、2 630 元和 2 002 元（如图 39）。经济较发达地区的人均收入较高，银行卡受理环境相对完善，银行卡被广泛用于各个领域的支付，人均银行卡消费水平较高。

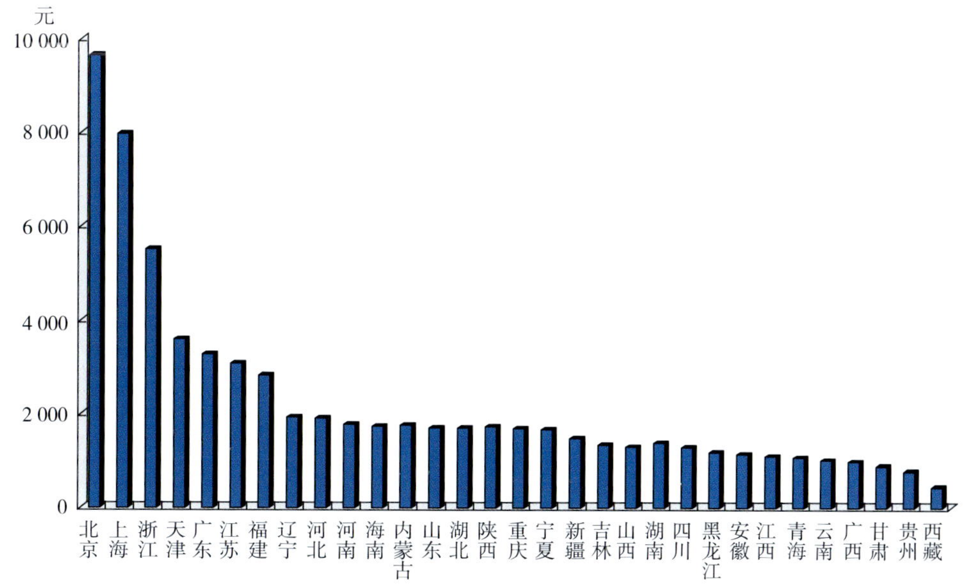

图 39　2010 年第三季度我国各省（市、自治区）人均银行卡消费金额示意图

银行卡跨行消费业务量大幅增长，跨行消费金额占比持续增加。第

三季度，银行卡跨行消费业务96 429.24万笔，金额22 934.12亿元，同比分别增长24.7%和38.6%，分别占银行卡消费业务量的76.6%和88.3%（如图40）。

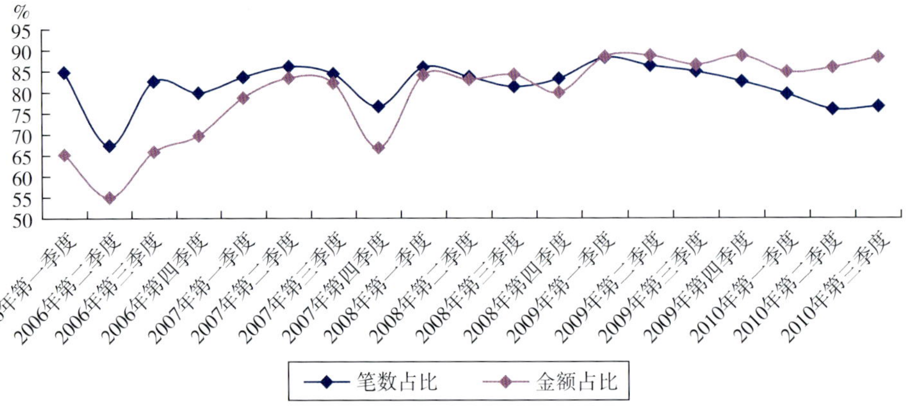

图40　2006年第一季度以来银行卡跨行消费交易占银行卡消费交易示意图

地区间银行卡受理环境不平衡格局逐渐改善，西部地区银行卡业务保持较快发展，与东部地区间的差距进一步缩小。受国家西部大开发政策有力扶持，西部地区银行卡受理环境建设工作加速进行，各类银行机构数量逐渐增加，对银行卡受理基础设施的投入进一步加大，银行卡受理能力正不断增强（如图41、见表8）。

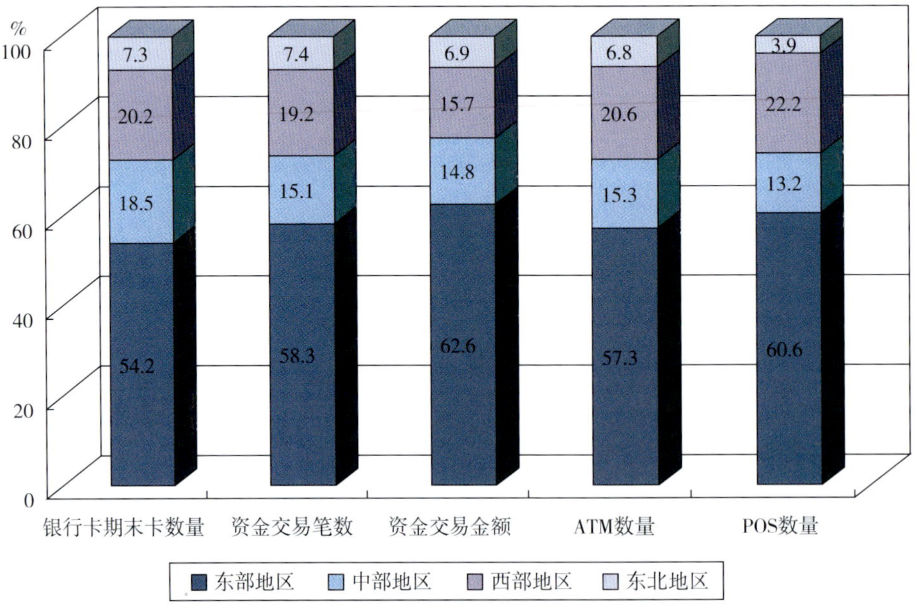

图41　2010年第三季度各地区银行卡指标占全国相应指标的占比情况示意图

表 8　各地区银行卡指标占全国相应指标的占比情况统计表

单位：%、个百分点

	2010 年第三季度				较 2010 年第二季度占比差额			
	东部地区	中部地区	西部地区	东北地区	东部地区	中部地区	西部地区	东北地区
银行卡期末卡数量	54.2	18.5	20.0	7.3	-0.6	0.5	0.2	-0.1
资金交易笔数	58.3	15.1	19.2	7.4	0	-0.4	0.4	0
资金交易金额	62.6	14.8	15.7	6.9	0.9	-0.8	0.2	-0.2
ATM 数量	57.3	15.3	20.6	6.8	0.6	-0.2	0.1	-0.5
POS 数量	60.6	13.2	22.2	3.9	0.6	0.8	-0.9	-0.6

专栏 2　西北五省（自治区）银行卡普及应用水平大幅提高

近年来，陕西、甘肃、宁夏、青海、新疆五省（自治区）积极响应国家西部大开发战略，认真贯彻落实人民银行要求，创新金融服务，大力开展非现金支付工具推广试点工作，西北五省（自治区）银行卡受理市场建设步伐不断加快，银行卡受理环境得到明显改善，银行卡普及应用水平大幅提高。

一、公众用卡环境持续改善，银行卡受理市场发展迅速

自 2007 年以来，西北五省（自治区）持续加强了特约商户的拓展力度，加大 ATM、POS 机具的布控。五省（自治区）立足西北实际，结合地域特色，大力开展非现金支付工具创新服务试点工作，提高银行卡服务范围，银行卡受理市场发展迅速。从 2007 年至 2010 年 9 月底，西北五省（自治区）每万人拥有的 ATM 机具数量由 0.6 台提高到 1.6 台；每万人拥有的 POS 机具数量由 3 台提高到 14 台，公众用卡环境得到持续改善。截至 2010 年第三季度末，西北五省（自治区）共发展特约商户数 11.5 万户，同比增长 51.6%；联网 POS 终端 13.87 万台，同比增长 50.9%；拥有 ATM 1.55 万台，同比增长 36.3%。五省（自治区）每台 ATM 对应的银行卡数量为 8 425 张，高于全国同期平均水平 12.3%；每台 POS 对应的银行卡数量 944 张，虽与全国平均水平仍有一定差距，但银行卡受理能力大幅提高。

二、银行卡发卡保持快速增长势头，发卡量持续增长

西北五省（自治区）努力克服经济发展相对滞后，群众现金支付意愿强烈等不利因素的影响，创新宣传手段，普及银行卡使用知识，大力促进二级地市及农村地区银行卡的使用，使银行卡发卡量保持了快速增长势头。2007—2009

年，西北五省（自治区）信用卡发卡量年均增长率高达108%，借记卡发卡量年均增长30.1%。截至2010年第三季度末，西北五省（自治区）银行卡累计发卡13 093.37万张，人均持卡1.34张。其中，借记卡12 319.79万张，同比增长16.2%，高于全国同期平均水平1.6%；信用卡773.58万张，同比增长40.3%，高于全国同期平均水平13.4%。西北五省（自治区）银行卡发卡量连续保持快速增长态势，银行卡作为一种重要的非现金支付工具，为满足西北五省（自治区）公众日常生产、生活的支付需要发挥了重要作用。

三、公众用卡意识逐渐增强，银行卡交易活跃

西北五省（自治区）将提高银行卡的使用频率和公众用卡意愿，作为促进银行普及应用的关键，银行卡发卡质量和使用效率得到明显改善，公众用卡意识逐渐增强，银行卡交易十分活跃。2007—2009年，西北五省（自治区）银行卡业务笔数年均增长9.7%，业务金额年均增长6.2%。2010年前三个季度，西北五省（自治区）发生银行卡业务11.19亿笔，同比增长34.0%；金额7.95万亿元，同比增长48.5%。2010年前三个季度，西北五省（自治区）平均每张银行卡发生业务9笔，金额7 107元。西北五省（自治区）公众传统现金支付观念得到一定程度改变，在办理日常现金存取、消费、资金汇划等业务时，银行卡支付习惯逐渐形成。

四、银行卡刷卡消费高速增长，有力拉动内需消费

西北五省（自治区）银行卡使用日益广泛，刷卡消费已成为公众日常支付的重要手段。2007—2009年，西北五省（自治区）银行卡刷卡消费金额分别增长77.0%、48.9%和93.2%，连续保持高速增长。2010年前三个季度，西北五省（自治区）银行卡刷卡消费1.57亿笔，同比增长35.8%；金额3 098.19亿元，同比增长66.5%。银行卡消费业务量继续保持快速增长趋势。西北五省（自治区）银行卡消费领域的延伸，消费规模的增长，为刺激公众消费需求，推动西北五省（自治区）社会消费品零售市场的繁荣起到积极作用。截至2010年第三季度末，西北五省（自治区）银行卡渗透率达29.5%，银行卡在消费领域的应用发展迅速，逐渐缩小了与发达地区的差距。

西北五省（自治区）银行卡普及应用水平的提高一方面得益于我国宏观经济的快速发展，居民生活水平的迅速提高；另一方面，主要得益于人民银行、商业银行对银行卡产业发展的重视和投入，以及社会各界对非现金支付工具宣传推广工作的支持。西北五省（自治区）银行卡产业的发展经验表明，积极有效的政策引导和科学合理的组织推动是促进非现金支付工具普及应用的重要因素，以银行卡为主的非现金支付工具在我国发展潜力巨大。

（中国人民银行西安分行供稿）

农民工银行卡特色服务不断深入，农村地区金融服务水平不断提升，业务量稳步增长。截至第三季度末，贵州、湖南等24个省（市、自治区）辖内5.2万个县及县以下的农村合作金融机构营业网点、全国31个省（市、自治区）辖内2万个县及县以下的中国邮政储蓄银行营业网点开通了农民工银行卡特色服务受理方业务。第三季度，共办理农民工银行卡特色服务取款业务332.13万笔，金额35.25亿元，分别较上年同期增长22.2%和33.4%。其中，中国邮政储蓄银行办理农民工银行卡特色服务取款业务32.92万笔，业务金额3.09亿元，占农民工银行卡特色服务取款业务的9.9%和8.8%。

信用卡授信总额和信用卡期末应偿信贷总额（信用卡透支余额）同比大幅增长。截至第三季度末，信用卡授信总额18 588.31亿元，同比增长49.4%，较第二季度增加2 167.16亿元，增长13.2%；期末应偿信贷总额3 716.78亿元，同比增长70.2%，较第二季度增加839.18亿元，增长29.2%（如图42）。

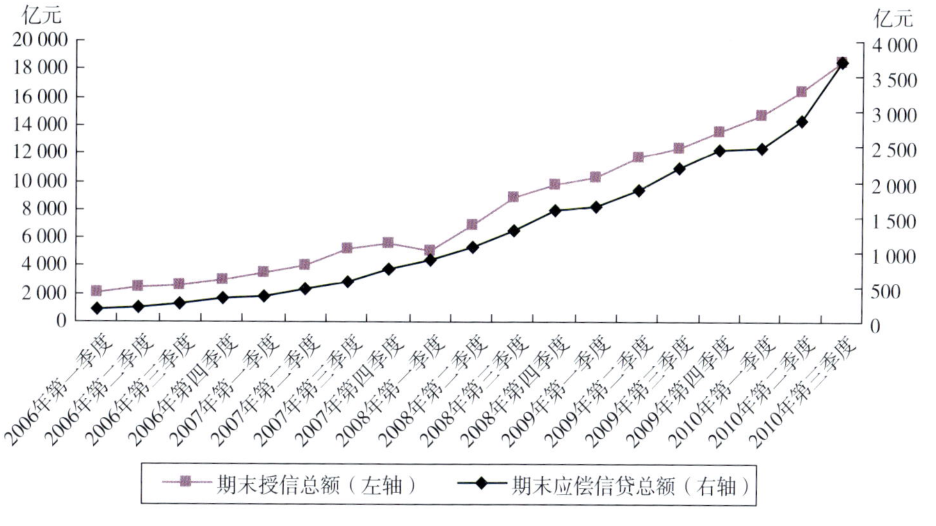

图42　2006年第一季度以来信用卡期末授信总额、期末应偿信贷总额趋势图

信用卡逾期半年未偿信贷总额有所增加，信用卡坏账风险值得关注；国有商业银行信用卡逾期贷款总额占比环比回落。截至第三季度末，信用卡逾期半年未偿信贷总额79.21亿元，较第二季度增加6.19亿元，增长8.5%；信用卡逾期半年未偿信贷总额占期末应偿信贷总额的2.1%，较第二季度回落0.4个百分点（如图43）。第三季度，国有商业银行信用卡逾期半年未偿信贷总额占期末应偿信贷总额的1.3%，较第二季度回落0.5个百分点；股份制商业银行信用卡逾期半年未偿信贷总额占期末应偿信贷总额的3.2%，较第二季度回落0.2个百分点。

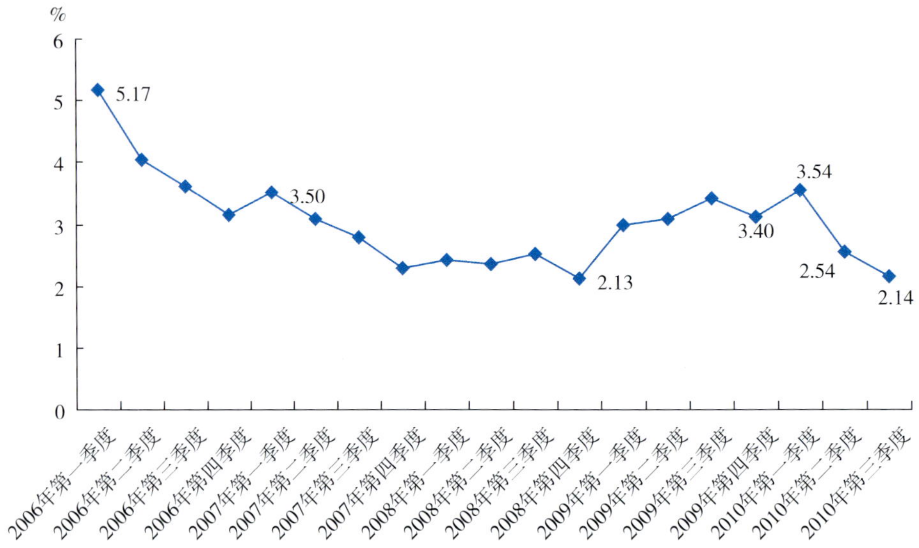

图43　2006年第一季度以来信用卡逾期半年未偿信贷总额占期末应偿信贷总额比例趋势图

（三）结算方式

汇兑、委托收款等结算方式业务笔数、金额快速增长。第三季度，汇兑、委托收款等结算方式业务27 611.47万笔，金额976 597.36亿元，同比分别增长25.8%和29.5%，增速同比分别加快15.1个百分点和9.1个百分点。其中，汇兑业务26 859.14万笔，金额945 254.41亿元，同比分别增长26.7%和30.2%，增速同比分别加快14.7个百分点和10.5

个百分点（如图44）。

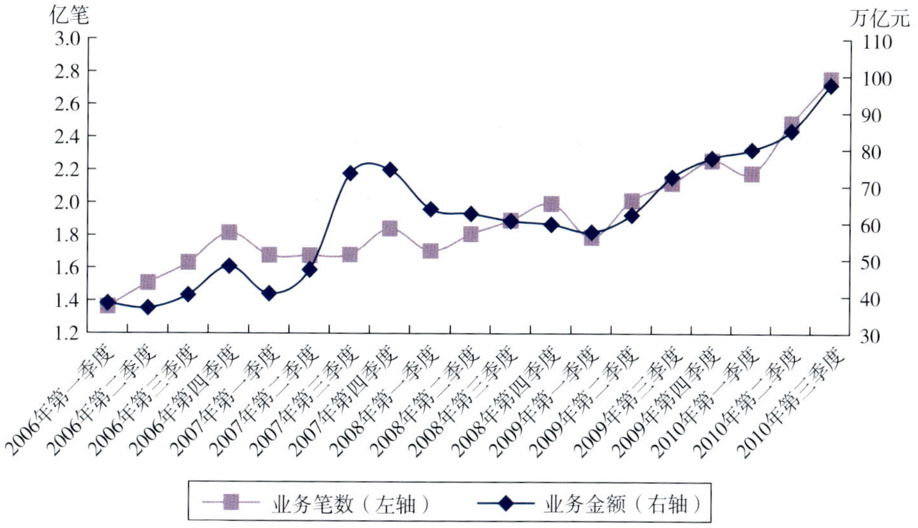

图44　2006年第一季度以来汇兑业务交易量季度变动趋势图

二、支付系统

第三季度，支付系统处理的业务量持续快速增长，社会资金往来规模不断扩大，经济向好势头进一步巩固。

第三季度，支付系统[①]共处理支付业务328 340.55万笔，金额4 516 483.98亿元，同比分别增长41.8%和35.1%，较上年同期增速分别加快19.1个百分点和10.5个百分点；环比分别增长23.1%和17.6%，较第二季度增速分别加快15.4个百分点和9.4个百分点（如图45、见表9）。

① 支付系统包含大额实时支付系统、银行业金融机构行内支付系统、银行卡跨行支付系统、小额批量支付系统、同城票据清算系统及境内外币支付系统等6个系统。

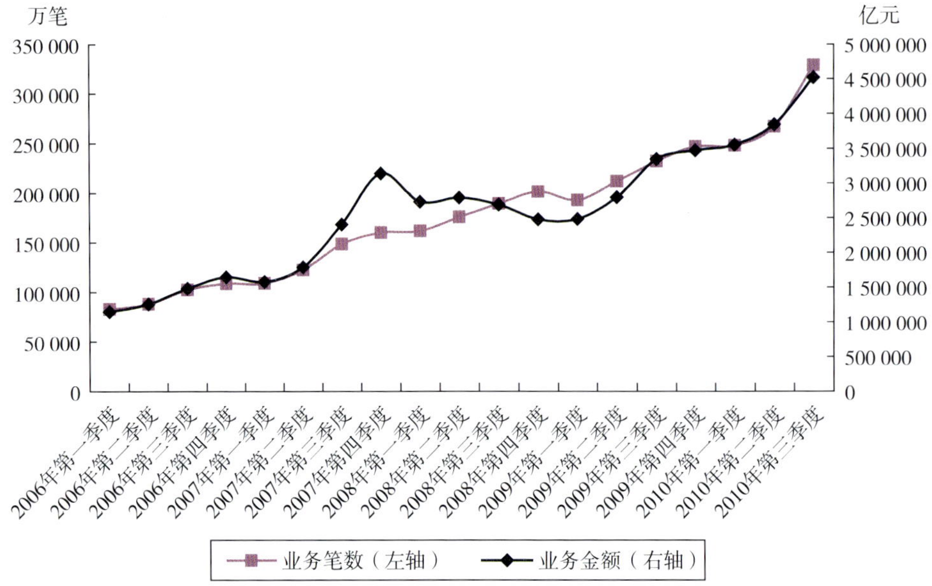

图 45　2006 年第一季度以来支付系统业务量变动趋势图

表 9　2010 年第三季度支付系统业务量统计表

单位：万笔、亿元、%

系统名称	笔数	金额	笔数占比	金额占比
大额实时支付系统	7 324. 62	3 057 361. 12	2. 2	67. 6
小额批量支付系统	10 716. 74	39 581. 45	3. 3	0. 9
同城票据清算系统	11 328. 27	174 404. 27	3. 5	3. 9
境内外币支付系统	15. 51	2 706. 01	0. 0	0. 1
银行业金融机构行内支付系统	154 488. 61	1 214 301. 34	47. 0	26. 9
银行卡跨行支付系统	144 466. 80	28 129. 79	44. 0	0. 6
合计	328 340. 55	4 516 483. 98	100. 0	100. 0

省（市、自治区）辖内资金流动量占比较第二季度略有上升。从支付系统资金往来情况[①]看，第三季度，全国共 17 个省（市、自治区）的辖内资金流动量占本省（市、自治区）资金流动总量的比例超过 50%。辖内资金流动量占比最高的 5 个省（市、自治区）分别是海南、西藏、浙江、贵州、广西，这些地区的资金流动 60% 以上在辖内完成。辖内资

① 包含大额实时支付系统、小额批量支付系统、银行业金融机构行内支付系统三个系统处理的资金交易。

金流动量占比最低的5个省（市）分别是重庆、宁夏、天津、福建和深圳，其占比分别为41.8%、41.8%、35.8%、35.6%和33.9%（如图46）。

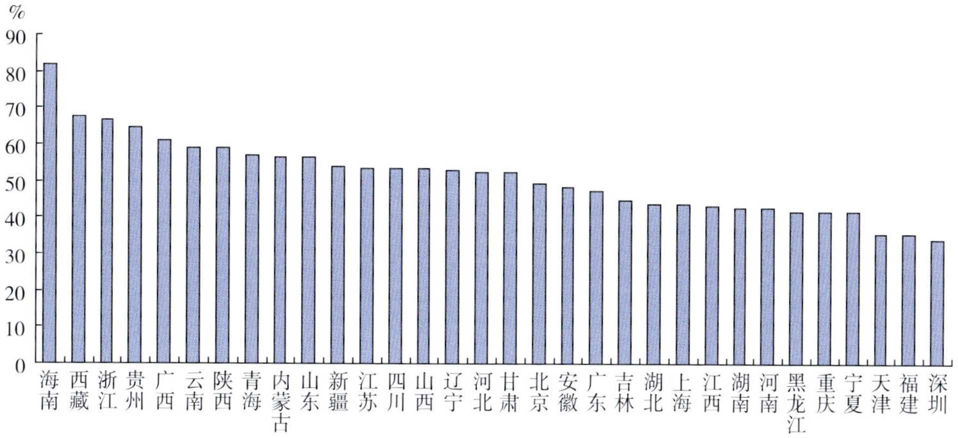

图46　2010年第三季度各地区辖内资金业务量占比示意图

北京、上海和广东三地资金流动总量占比小幅下降。第三季度，处理资金总量最大的三个地区仍为北京、上海、广东，这三个地区的资金流动总量分别占全国资金流动总量的32.0%、13.0%和11.2%。三地资金流动总量占全国总量的56.2%（如图47），占比较第二季度下降2.0个百分点。从资金流动量占比变动来看，北京资金流动总量占比与第二季度相比下降0.4个百分点，上海与第二季度相比下降0.6个百分点，广东与第二季度相比下降1.0个百分点。

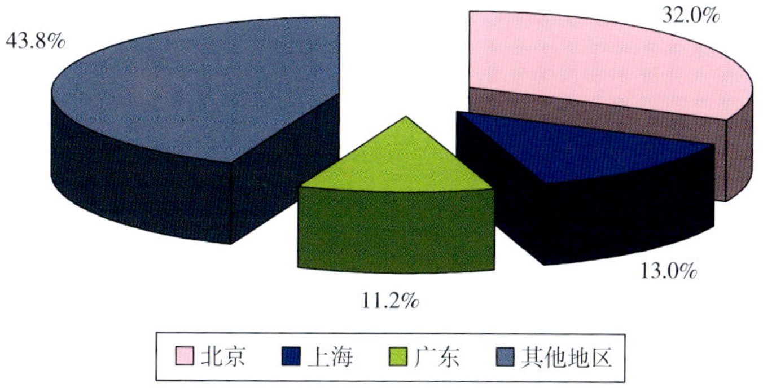

图47　2010年第三季度全国资金流动总量地区间占比示意图

北京继续保持资金净流出趋势。从2010年第三季度的地区间资金[①]流动来看，居全国资金净流入量前五位的地区依次为上海、深圳、广东、海南、江苏，资金净流入量分别为10 148.95亿元、9 609.90亿元、5 458.30亿元、5 230.46亿元和1 670.64亿元；居全国资金净流出量前五位的地区依次是安徽、浙江、山西、北京、山东，资金净流出量分别为11 827.94亿元、4 529.46亿元、4 340.91亿元、3 720.89亿元和2 390.99亿元（如图48）。

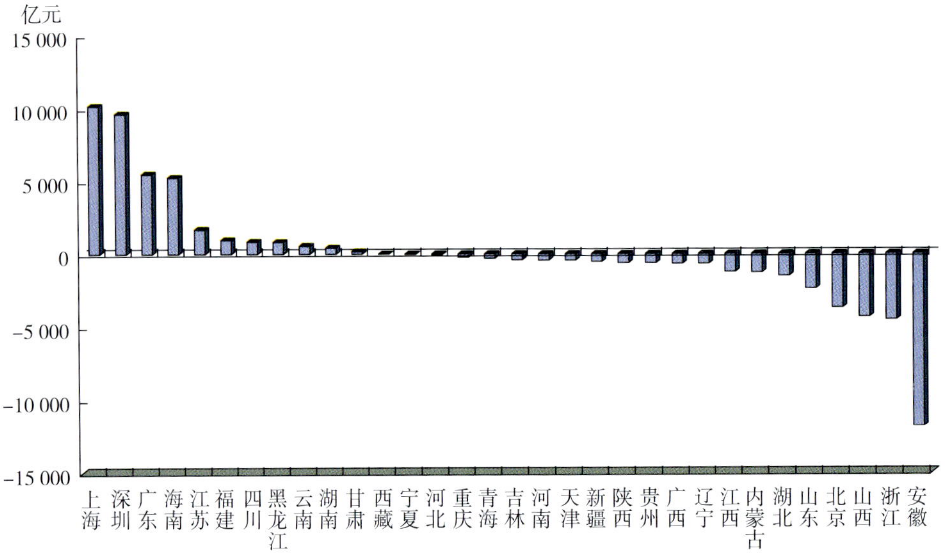

图48　2010年第三季度地区间资金流入流出图

（一）大额实时支付系统

大额实时支付系统业务量同比快速增长，日均处理业务金额持续扩大，日均处理业务笔数较第二季度小幅下降。第三季度，大额实时支付系统处理业务7 324.62万笔，金额3 057 361.12亿元，同比分别增长9.8%和36.4%，业务金额是第三季度全国GDP总量（95 820亿元）的31.91倍，较第二季度略有上升；日均处理业务110.98万笔，金额

① 包含大额实时支付系统、小额批量支付系统、银行业金融机构行内支付系统转移资金。

46 323.65亿元①，较第二季度笔数减少0.56万笔，金额增加5 019.22亿元（如图49）。

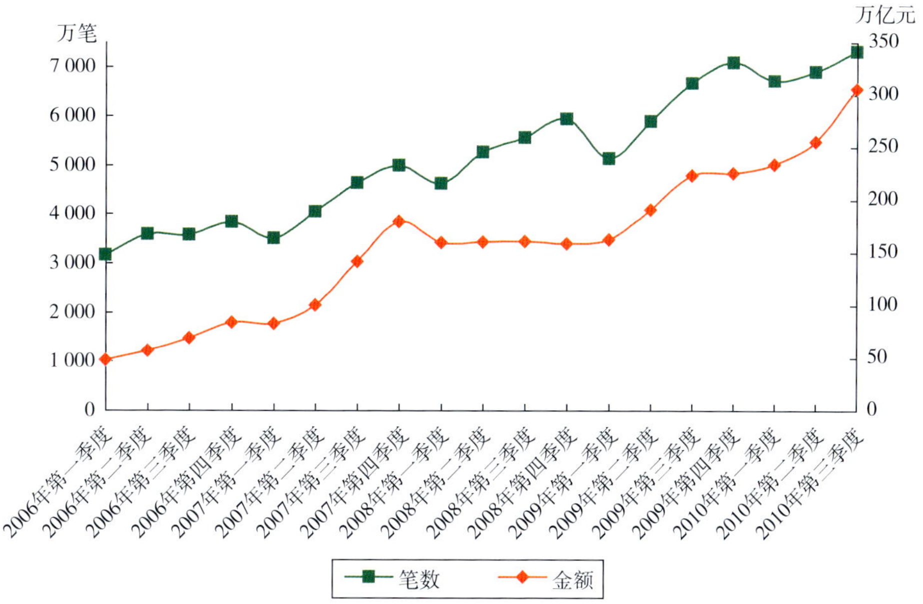

图49　2006年第一季度以来大额实时支付系统业务量季度变动趋势图

第三季度，大额实时支付系统完成债券交易结算业务②资金清算4.49万笔，金额119 242.31亿元，较第二季度分别增长11.7%和22.1%，日均DVP结算额1 806.7亿元；外汇交易0.13万笔，金额10 752.18亿元，较第二季度分别增长18.2%和2.9%；同业拆借资金0.37万笔，金额25 120.08亿元，较第二季度分别增长15.6%和68.5%。

部分经济较发达地区大额实时支付系统业务量增速减缓，占比略有下降。从地区间资金分布情况看，业务笔数居前五位的分别是广东、浙江、江苏、上海、山东五省（市），业务笔数合计3 172.47万笔，占全国大额实时支付系统业务量的43.3%，占比同比下降0.5个百分点；业务金额位于前五位的是北京、上海、深圳、江苏、广东五省（市），业务金额合计2 009 907.02亿元，占全国大额实时支付系统业务量的

① 2010年第三季度大额实时支付系统实际运行66个工作日，此处按实际运行工作日计算。

② 债券交易结算业务、外汇交易、同业拆借业务数据根据支付信息管理系统（PIMS）统计。

65.7%，占比同比下降2.8个百分点（见表10、表11）。

表10　大额实时支付系统业务笔数地区间占比变动统计表

单位：万笔、%、个百分点

地区	2009年第三季度	占比	2010年第三季度	占比	占比增长
广东	862.39	12.9	841.95	11.5	-1.4
浙江	610.60	9.2	739.17	10.1	0.9
江苏	566.55	8.5	632.05	8.6	0.1
上海	500.55	7.5	493.02	6.7	-0.8
山东	378.17	5.7	466.28	6.4	0.7
其他省份	3 752.40	56.2	4 152.15	56.7	0.5

表11　大额实时支付系统业务金额地区间占比变动统计表

单位：亿元、%、个百分点

地区	2009年第三季度	占比	2010年第三季度	占比	占比增长
北京	847 013.66	37.7	1 147 180.72	37.6	-0.1
上海	340 394.18	15.2	400 911.40	13.1	-2.1
深圳	156 011.20	7.0	181 790.93	5.9	-1.1
江苏	95 832.26	4.3	144 663.77	4.7	0.4
广东	97 619.01	4.4	135 360.20	4.4	0.0
其他省份	705 100.25	31.4	1 047 454.10	34.3	2.9

国有商业银行业务量占比小幅下降，股份制商业银行业务量小幅提高。从行别分布的情况看，国有商业银行通过大额实时支付系统处理业务3 868.10万笔，金额1 136 323.05亿元，占大额实时支付系统业务量的52.8%和37.2%，占比同比分别下降3.4个百分点和1.5个百分点；股份制商业银行通过大额实时支付系统处理业务1 480.19万笔，金额826 958.98亿元，占大额实时支付系统业务量的20.2%和27.1%，占比同比分别上升1.3个百分点和0.9个百分点（见表12）；城市商业银行和农村商业银行的笔数和金额占比均有所提高。

表12 大额实时支付系统行别间业务笔数、金额占比变动表

单位：万笔、亿元、%

银行类别	2009年第三季度		2010年第三季度		占比变动	
	笔数占比	金额占比	笔数占比	金额占比	笔数	金额
政策性银行	0.5	2.4	0.5	3.1	0.0	0.7
国有商业银行	56.2	38.7	52.8	37.2	-3.4	-1.5
股份制商业银行	18.9	26.2	20.2	27.1	1.3	0.9
城市商业银行	10.2	8.9	11.5	9.5	1.3	0.6
农村商业银行	0.8	0.5	1.6	1.0	0.8	0.5
城市信用社	0.1	0.1	0.0	0.0	-0.1	-0.1
农村信用社	9.4	4.6	8.9	5.3	-0.5	0.7
外资银行	1.8	3.3	1.8	3.3	0.0	0.0
中国邮政储蓄银行	0.4	0.8	0.7	0.7	0.3	-0.1
其他	1.7	14.5	2.0	12.8	0.3	-1.7

（二）小额批量支付系统

小额批量支付系统业务量继续大幅增长，为社会公众支付提供极大便利。第三季度，小额批量支付系统共处理业务10 716.74万笔，金额39 581.45亿元，同比分别增长70.9%和44.0%，占支付系统业务笔数和金额的3.3%和0.9%；日均处理业务119.07万笔，金额439.79亿元[①]。

从行别分布看，国有商业银行通过小额批量支付系统处理业务5 683.85万笔，金额18 464.74亿元，占小额批量支付系统业务量的53.1%和46.7%；股份制商业银行通过小额批量支付系统处理业务2 727.94万笔，金额7 193.12亿元，占小额批量支付系统业务量的

① 2010年第三季度小额批量支付系统实际运行90个工作日，此处以实际运行工作日计算。

25.5% 和 18.2%；城市商业银行、农村商业银行等其他金融机构通过小额批量支付系统处理业务 1 744.72 万笔，金额 13 482.52 亿元，占小额批量支付系统业务量的 16.2% 和 34.0%；外资银行通过小额批量支付系统处理业务 483.22 万笔，金额 279.17 亿元，占小额批量支付系统业务量的 4.5% 和 0.7%；政策性银行通过小额批量支付系统处理业务 14.02 万笔，金额 88.81 亿元，占小额批量支付系统业务量的 0.1% 和 0.2%；中国邮政储蓄银行通过小额批量支付系统处理业务 62.99 万笔，金额 73.09 亿元，占小额批量支付系统业务量的 0.6% 和 0.2%（如图 50、图 51）。

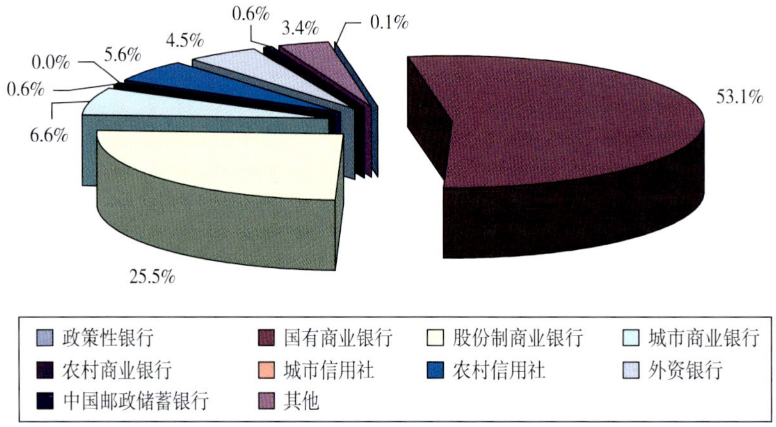

图 50　2010 年第三季度小额批量支付系统行别间业务笔数占比示意图

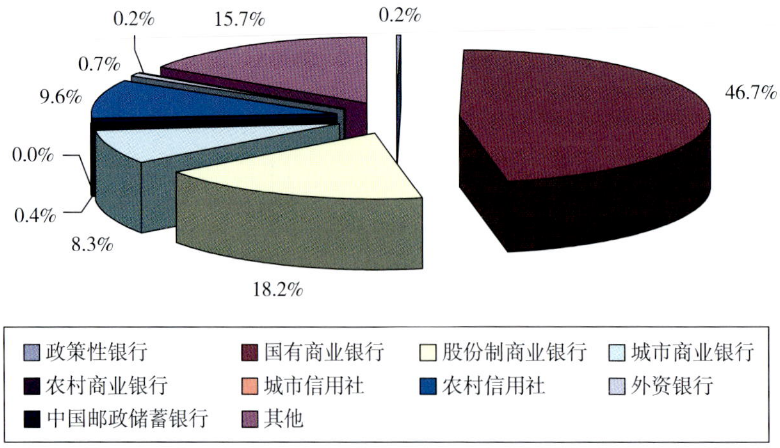

图 51　2010 年第三季度小额批量支付系统行别间业务金额占比示意图

（三）同城票据清算系统

同城票据清算系统业务量继续小幅增长。第三季度，同城票据清算系统共处理业务 11 328.27 万笔，金额 174 404.27 亿元，同比分别增长 1.1% 和 0.2%，占支付系统业务笔数和金额的 3.5% 和 3.9%；日均处理业务 171.64 万笔，金额 2 642.49 亿元[①]。

第三季度，同城票据清算系统处理业务笔数居前五位的省（市）依次是浙江、广东、江苏、北京、辽宁，五省（市）业务总笔数占同城票据清算系统业务量的 62.8%，占比同比上升 5.6 个百分点。同城票据清算系统处理业务金额居前五位的省（市）依次是江苏、浙江、北京、山东、广东，五省（市）业务总金额占同城票据清算系统业务量的 56.4%，占比同比上升 1.9 个百分点（如图 52、图 53）。

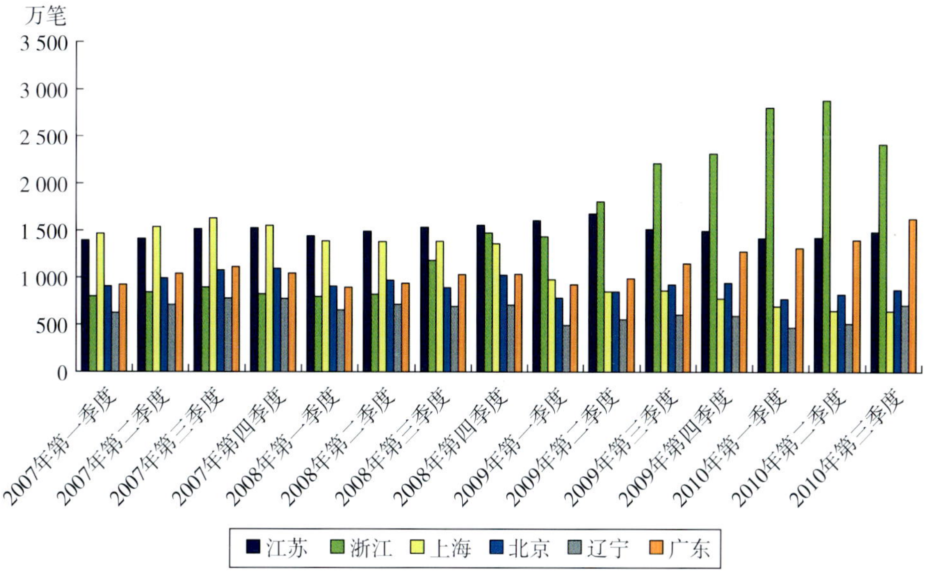

图 52　2007 年第一季度以来六省（市）同城票据清算系统业务笔数变动示意图

① 此处以 2010 年第三季度实际工作日 66 日计算。

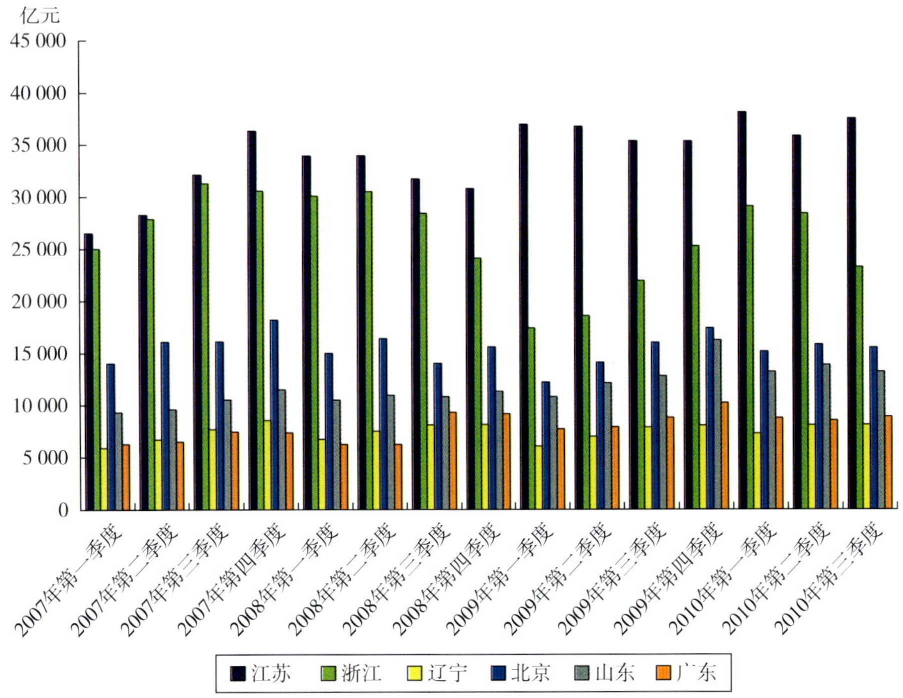

图 53　2007 年第一季度以来六省（市）同城票据清算系统业务金额变动示意图

（四）境内外币支付系统

境内外币支付系统业务量快速增长。第三季度，外币支付系统共运行66个工作日，处理支付业务15.51万笔，金额2 706.01亿元（399.57亿美元），同比分别增长84.6%和198.7%；日均处理支付业务2 350笔，金额41.00亿元（6.05亿美元）。

业务量仍以美元交易为主。第三季度，外币支付系统共处理美元支付业务15.00万笔，金额2 418.95亿元（357.18亿美元），分别占外币支付业务笔数的96.7%和业务金额的89.4%，较第二季度分别增长24.8%和35.3%（见表13）。

表 13　外币支付系统业务量统计表

单位：日、笔、万元

币种	工作日	笔数	金额（折合美元）	金额（折合人民币）	日均笔数	日均金额（美元）	日均金额（人民币）
美元	66	150 010	3 571 817.90	24 189 475.13	2 273	54 118.45	366 507.20
港元	66	1 057	92 356.44	625 466.90	16	1 399.34	9 476.77
欧元	66	1 817	263 861.83	1 786 955.40	28	3 997.91	27 075.08
日元	66	842	60 324.17	408 534.24	13	914.00	6 189.91
加拿大元	66	225	1 866.06	12 637.51	3	28.27	191.48
澳大利亚元	66	553	2 456.34	16 635.09	8	37.22	252.05
英镑	66	608	2 405.81	16 292.93	9	36.45	246.86
瑞士法郎	66	19	599.49	4 059.91	0	9.08	61.51
合计	66	155 131	3 995 688.03	27 060 057.12	2 350	60 540.73	410 000.87

（五）银行业金融机构行内支付系统

银行业金融机构行内支付系统业务量持续快速增长。第三季度，银行业金融机构行内支付系统共处理业务 154 488.61 万笔，金额 1 214 301.34亿元，同比分别增长 71.2% 和 38.5%，分别占支付系统业务笔数和金额的 47.0% 和 26.9%；日均处理业务 1 679.22 万笔，金额 13 198.93亿元①。

国有商业银行、外资银行行内支付系统业务量增长迅速，支付服务市场竞争力保持在较高水平。第三季度，国有商业银行行内支付系统共处理业务 108 702.78 万笔，金额 712 687.98 亿元，同比分别增长 106.8% 和 51.0%；外资银行行内支付系统处理业务 6.49 万笔，金额 10 434.19亿元，同比分别增长 70.8% 和 102.7%；城市商业银行行内支付系统共处理业务 9 630.53 万笔，金额 160 826.44 亿元，同比分别增长 34.4% 和 41.0%；政策性银行行内支付系统共处理业务 23.37 万笔，金额 1 962.17 亿元，同比分别下降 12.5% 和 16.1%；股份制商业银行行内

① 此处按 2010 年第三季度 92 个自然日计算。

支付系统共处理业务 8 826.89 万笔，金额 248 224.58 亿元，同比分别增长 24.1% 和 14.4%；城市信用社行内支付系统共处理业务 19.10 万笔，金额 127.08 亿元，同比分别下降 47.6% 和 53.3%；中国邮政储蓄银行行内支付系统共处理业务 9 620.15 万笔，金额 8 453.96 亿元，同比分别增长 12.2% 和 79.2%；农村金融机构[①]行内支付系统共处理业务 17 659.30万笔，金额 71 584.94 亿元，同比分别增长 29.7% 和 37.1%（如图 54）。

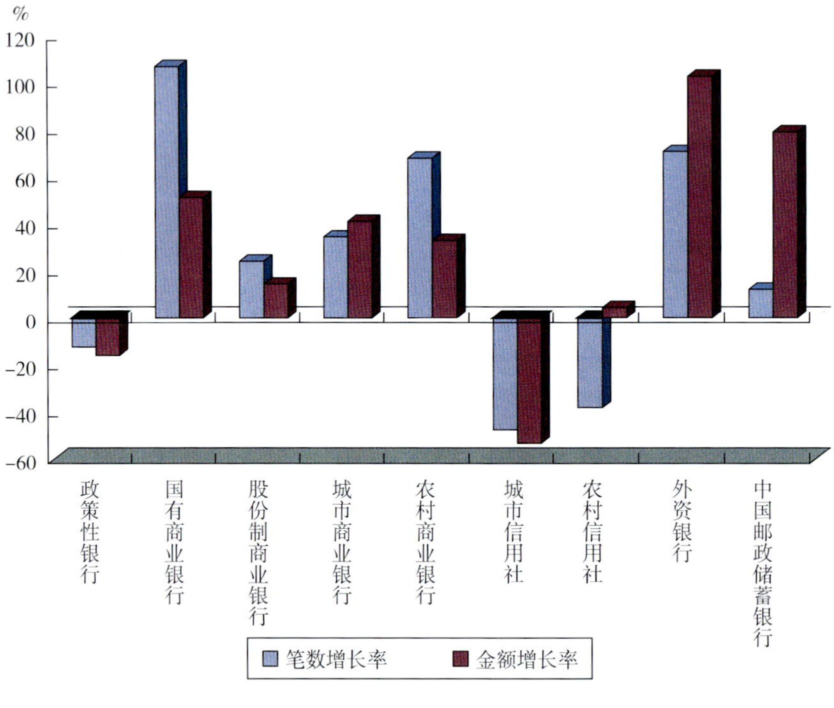

图 54　2010 年第三季度银行业金融机构行内支付系统业务笔数、金额同比增长率示意图

（六）银行卡跨行支付系统

银行卡跨行支付系统业务量继续快速增长。第三季度，银行卡跨行支付系统共处理业务 144 466.80 万笔，金额 28 129.79 亿元，同比分别增长 23.3% 和 34.7%，增速较第二季度分别回落 0.1 个百分点和 8.3 个

① 包括农村商业银行和农村信用社。

百分点，日均处理业务笔数 1 570.29 万笔，金额 305.76 亿元（如图 55）。

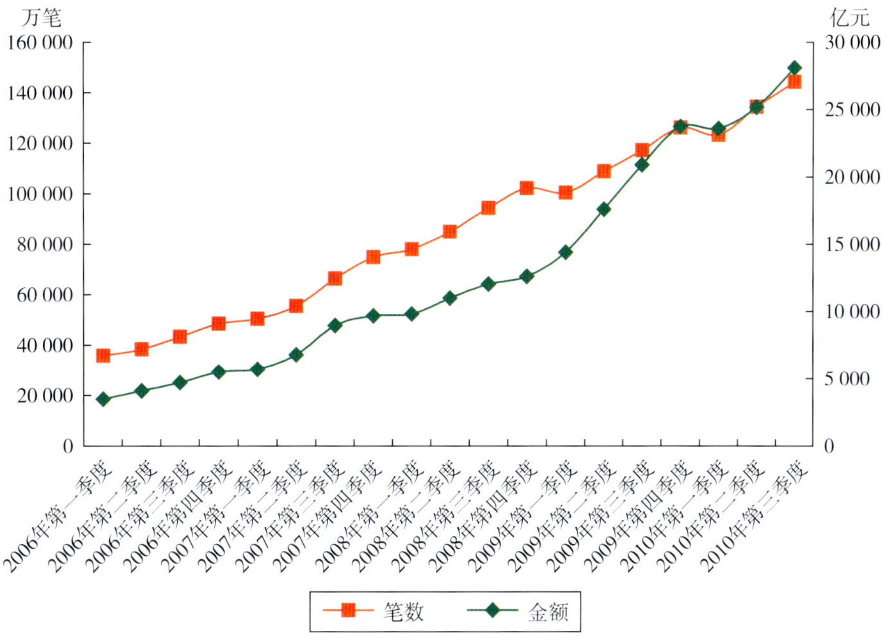

图 55　2006 年第一季度以来银行卡跨行支付系统业务量变化趋势图

国有商业银行和股份制商业银行本行卡跨行业务笔数占比略有下降，金额占比略有上升。第三季度，国有商业银行和股份制商业银行作为发卡方，发生银行卡跨行业务 116 467.33 万笔，金额 22 064.99 亿元，占银行卡跨行业务量的 80.6% 和 78.4%，较第二季度笔数占比下降 0.1 个百分点，金额占比上升 0.2 个百分点；中国邮政储蓄银行作为发卡方，发生银行卡跨行业务 9 555.85 万笔，金额 1 337.09 亿元，占银行卡跨行业务量的 6.6% 和 4.8%，较第二季度笔数占比下降 0.2 个百分点，金额占比上升 0.2 个百分点；城市商业银行、农村商业银行等其他金融机构①作为发卡方，发生银行卡跨行业务 18 443.65 万笔，金额 4 727.70 亿元，占银行卡跨行业务量的 12.8% 和 16.8%，较第二季度笔数占比上升 0.3 个百分点，金额占比下降 0.4 个百分点（如图 56、图 57）。

国有商业银行和股份制商业银行受理他行卡业务量占比继续小幅上

① 含城市商业银行、农村商业银行、城市信用社、农村信用社、外资银行、其他。

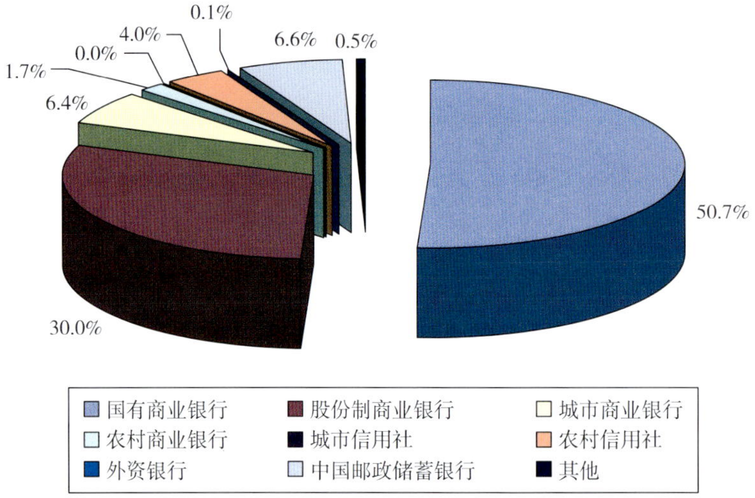

图 56　2010 年第三季度银行卡跨行支付系统行别间本行卡跨行业务笔数占比示意图

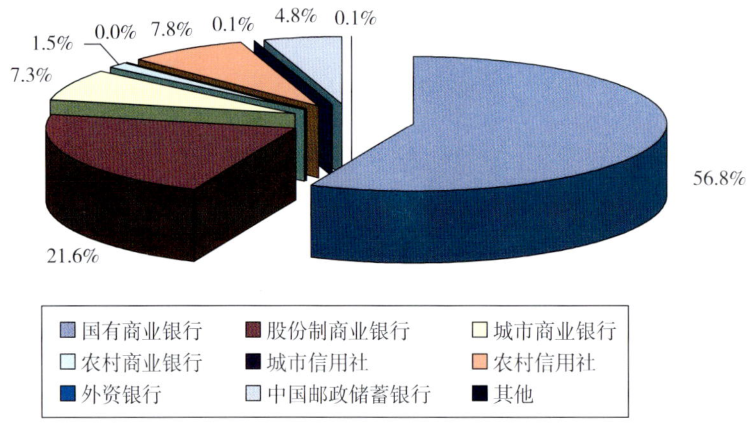

图 57　2010 年第三季度银行卡跨行支付系统行别间本行卡跨行业务金额占比示意图

升。第三季度，国有商业银行和股份制商业银行受理他行银行卡业务 89 854.85万笔，金额 18 191.94 亿元，占银行卡跨行业务量的 62.2% 和 64.7%，较第二季度占比分别上升 0.2 个百分点和 0.2 个百分点；中国邮政储蓄银行受理他行银行卡业务 5 839.44 万笔，金额 536.12 亿元，占银行卡跨行业务量的 4.1% 和 1.9%，笔数和金额占比与第二季度持平；城市商业银行、农村商业银行等其他机构受理他行银行卡业务 48 772.51万笔，金额 9 401.73 亿元，占银行卡跨行业务量的 33.8% 和 33.4%，较第二季度占比下降 0.1 个百分点和 0.2 个百分点（如图 58、图 59）。

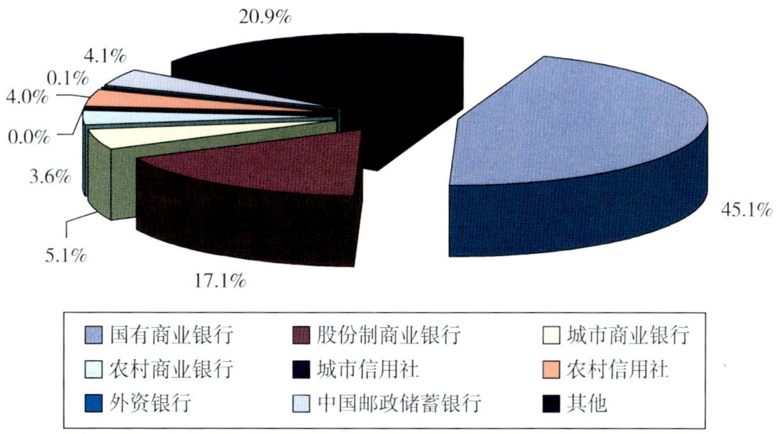

图 58　2010 年第三季度银行卡跨行支付系统行别间受理跨行业务笔数占比示意图

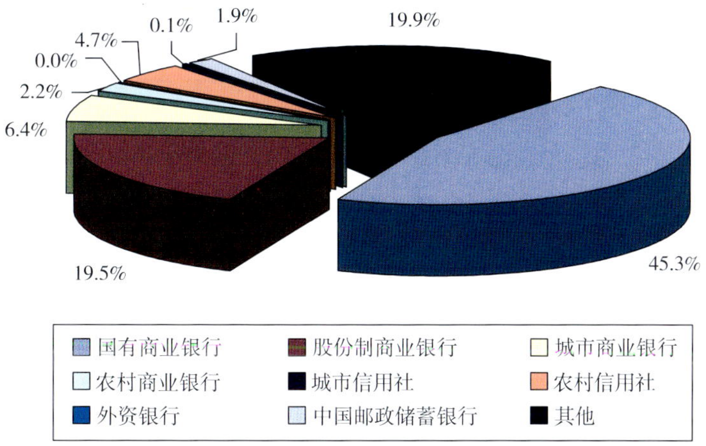

图 59　2010 年第三季度银行卡跨行支付系统行别间受理跨行业务金额占比示意图

三、银行结算账户

银行结算账户数量平稳增长，个人银行结算账户数量增速加快。截至第三季度末，全国共有银行结算账户 323 253.12 万户，环比增长

6. 7%，增速较第二季度加快 2. 8 个百分点。其中，单位银行结算账户 2 413. 31万户，占银行结算账户的0. 7%，环比增长3. 3%，增速较2010年第二季度减缓0. 3 个百分点；个人银行结算账户 320 839. 81 万户，占银行结算账户的99. 3%，环比增长6. 7%，增速较第二季度加快2. 8 个百分点。

（一）单位银行结算账户

单位银行结算账户数量稳步增长，基本存款账户数量占单位银行结算账户数量近六成，环比和同比增幅继续保持领先。与经济发展的需求和活跃程度相适应，我国各类经济实体对开立单位银行结算账户的需求日益旺盛，与经济实体数量最具关联性的基本存款账户数量同比增长持续超过国民经济增长速度。截至第三季度末，全国单位银行结算账户 2 413. 31万户，环比增长 3. 3%，同比增长 13. 1%。其中，基本存款账户 1 426. 71 万户，一般存款账户 729. 62 万户，专用存款账户 232. 79 万户，临时存款账户 24. 19 万户，分别占单位银行结算账户的 59. 1%、30. 2%、9. 6% 和 1. 1% （如图 60），环比分别增长 3. 6%、3. 3%、1. 6% 和 1. 3% （如图 61），同比分别增长 13. 9%、13. 6%、7. 4% 和 5. 2% （如图 62）。

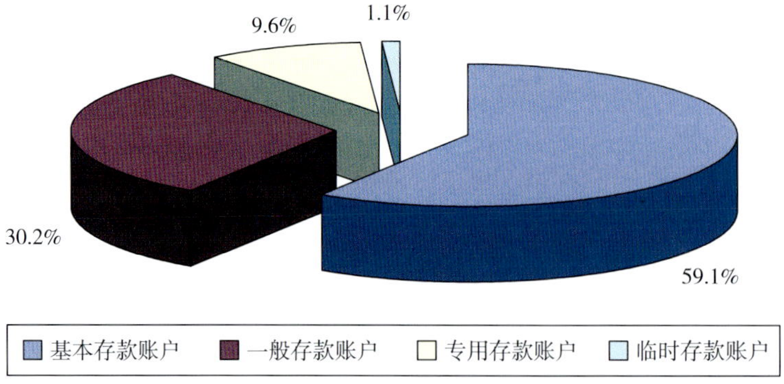

图 60　2010 年第三季度末各类单位银行结算账户数量占比示意图

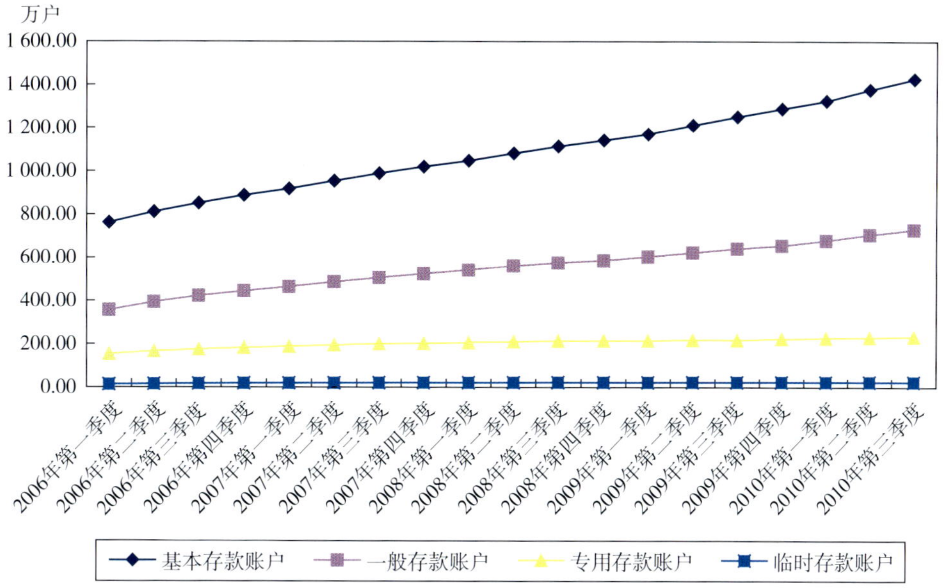

图 61　2006 年第一季度以来单位银行结算账户数量变动趋势图

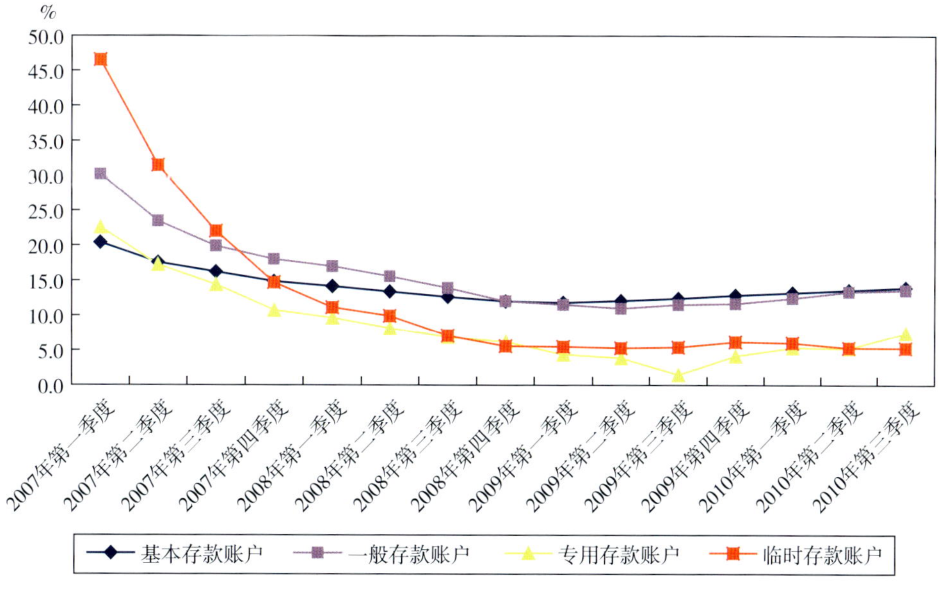

图 62　2007 年第一季度以来单位银行结算账户季度同比增幅变动图

单位银行结算账户数量分布和地区经济发展程度基本一致，单位银行结算账户数量主要集中在东部经济较发达地区。截至第三季度末，东部、中部、西部和东北地区单位银行结算账户数量分别为 1 439. 14

万户、378.03 万户、421.91 万户和 174.23 万户，分别占全国单位银行结算账户的59.6%、15.7%、17.5%和7.2%，与地区经济发展程度基本一致（如图 63）。2007 年以来，中部地区和西部地区单位银行结算账户数量增长较快，同比增速始终高于全国平均水平；东部地区单位银行结算账户数量同比增速虽然低于全国平均水平，但在经济增长恢复时期的反弹力度强于其他三个地区；东北地区单位银行结算账户数量同比增速从2010 年第二季度开始，连续两个季度同比增速低于全国平均水平。

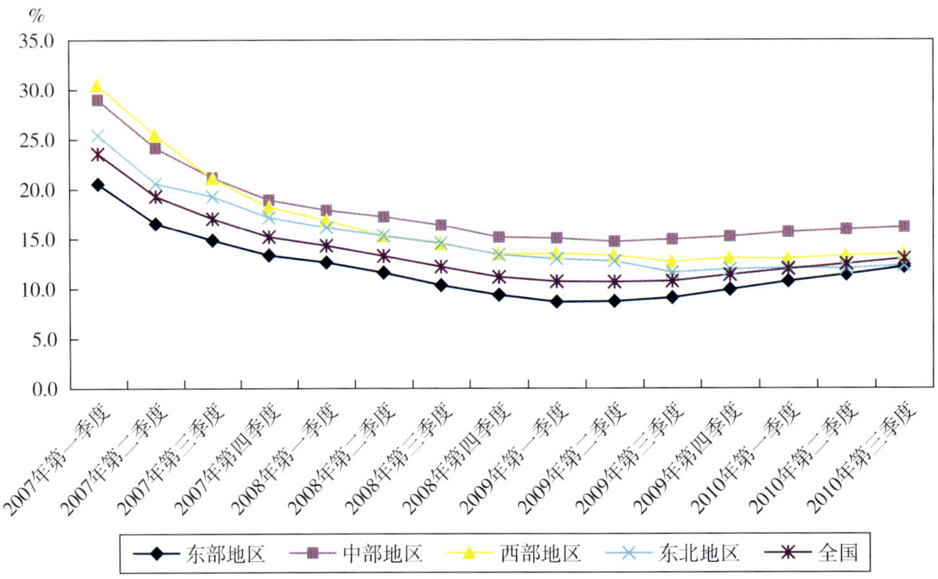

图 63　2007 年第一季度以来各地区单位银行结算账户季度同比增幅变动图

经济较发达、企业经营活动较频繁的省（市）单位银行结算账户占比较大，中西部省份单位银行结算账户环比、同比增幅居全国前列。截至第三季度末，单位银行结算账户数量超过 100 万户的有广东[①]、江苏、浙江、上海、山东、北京等六省（市），单位银行结算账户共计1 212.94 万户，占全国单位银行结算账户的 50.3%，占比稳定（如图 64）。宁夏、内蒙古、福建、江西、安徽、海南、河南、广西、贵州、湖北、湖

① 含深圳市。

南、山东、江苏、重庆、陕西等省（市、自治区）单位银行结算账户环比、同比增幅均高于全国平均水平（如图65、图66）。

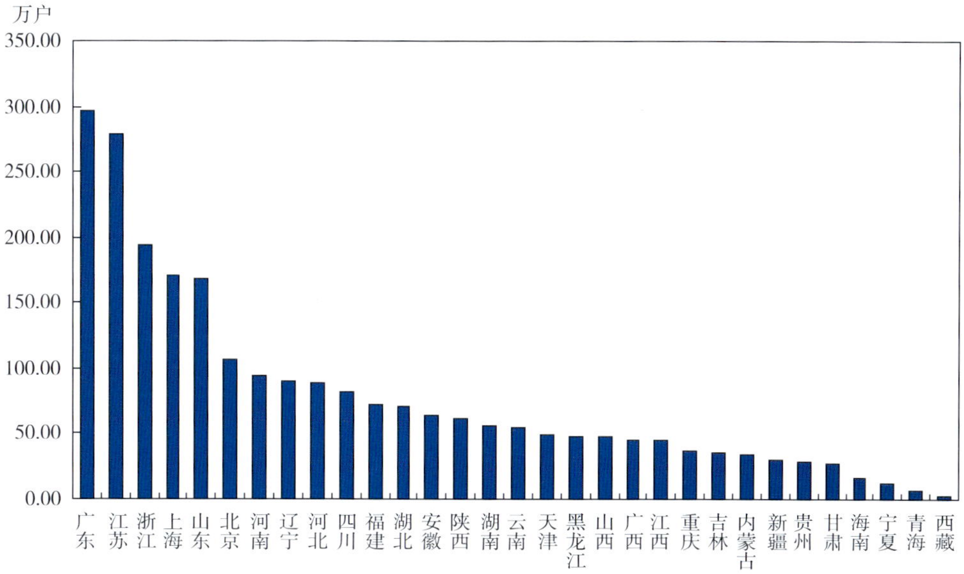

图64　2010年第三季度末各省（市、自治区）单位银行结算账户数量分布图

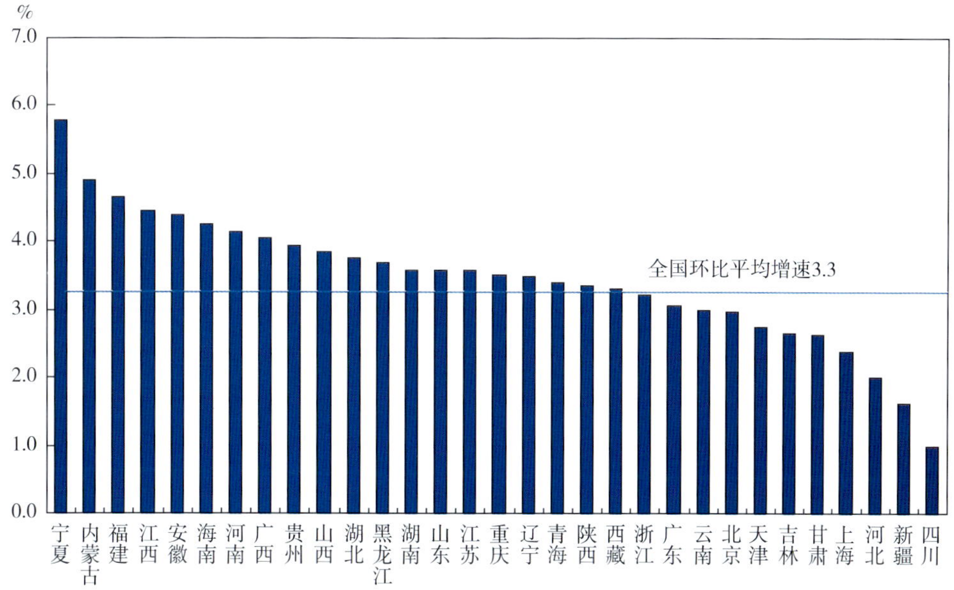

图65　2010年第三季度末各省（市、自治区）单位银行结算账户数量环比增幅示意图

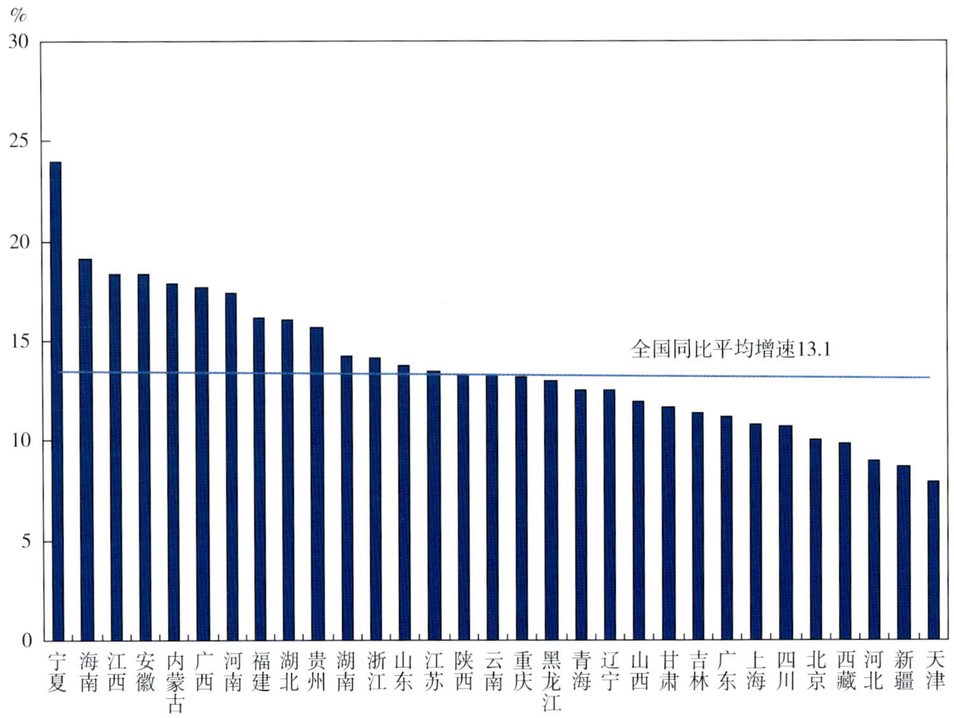

图 66　2010 年第三季度各省（市、自治区）单位银行结算账户数量同比增幅示意图

各类银行业金融机构拥有的单位银行结算账户数量占比稳定，国有商业银行占比持续微降，其他类别银行业金融机构占比继续小幅扩大。截至第三季度末，政策性银行、国有商业银行、股份制商业银行、其他金融机构的单位银行结算账户数量分别为 16.02 万户、1 265.65 万户、318.35 万户和 813.29 万户，占全国单位银行结算账户数量的比例分别为 0.7%、52.4%、13.2% 和 33.7%。国有商业银行单位银行结算账户数量占比环比下降 0.2 个百分点，股份制商业银行和其他金融机构单位银行结算账户数量占比环比均上升 0.1 个百分点（如图 67）。股份制商业银行、城市商业银行、农村商业银行、中国邮政储蓄银行等金融机构对单位客户开立结算账户的吸引力持续提高。

注册资金规模在 100 万元以下的中小企业开立的单位银行结算账户数量在全部单位银行结算账户总量中占有绝对优势，注册资金规模较大企业开立单位银行结算账户的数量同比与环比增速均上升较快。截至第

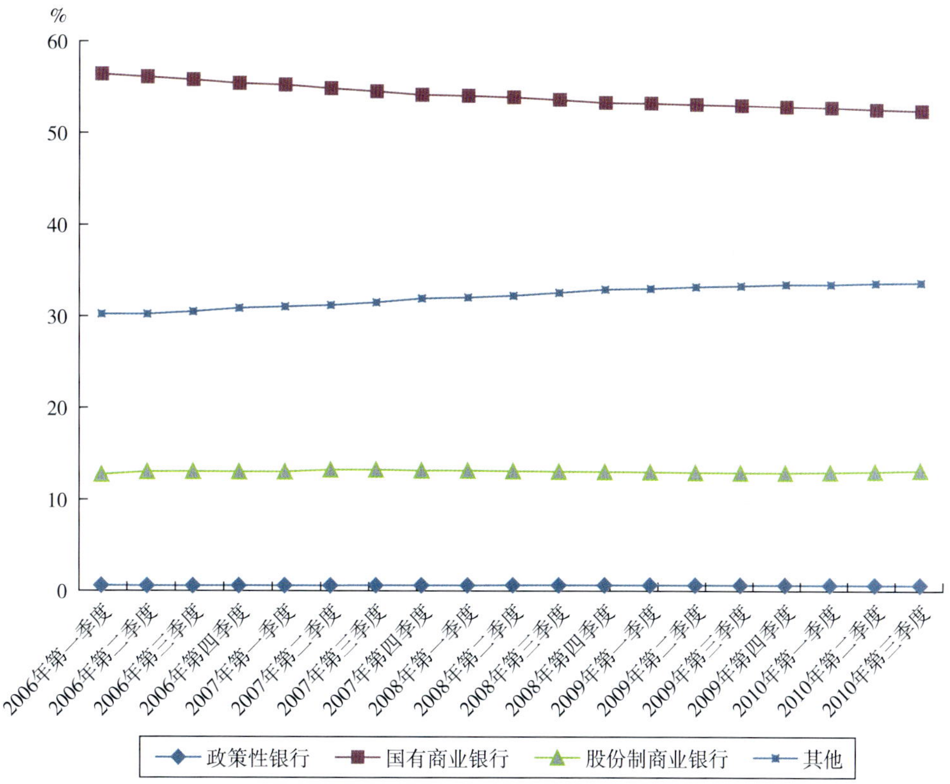

图 67　2006 年第一季度以来各类银行业金融机构单位银行结算账户数量占比示意图

三季度末，注册资金 100 万元以下、100 万 ~1 000 万元、1 000 万 ~1 亿元和 1 亿元以上的企业开立的单位银行结算账户数量占比分别为 71.5%、17.7%、8.2% 和 2.6%，环比分别增长 2.7%、4.2%、5.3% 和 6.5%，同比分别增长 11.2%、17.0%、20.8% 和 17.1%（如图 68）。

注册资金规模在 1 亿元以上的单位银行结算账户集中于经济发达地区，集中度略有下降。截至第三季度末，山东、广东、江苏、上海、浙江、北京、天津等七省（市）注册资金在 1 亿元以上的单位银行结算账户数量分别为 7.66 万户、5.45 万户、5.33 万户、5.28 万户、4.46 万户、3.94 万户、3.77 万户，共计占全国的 56.6%，较 2010 年第二季度下降 0.5 个百分点，集中程度略有下降（如图 69）。

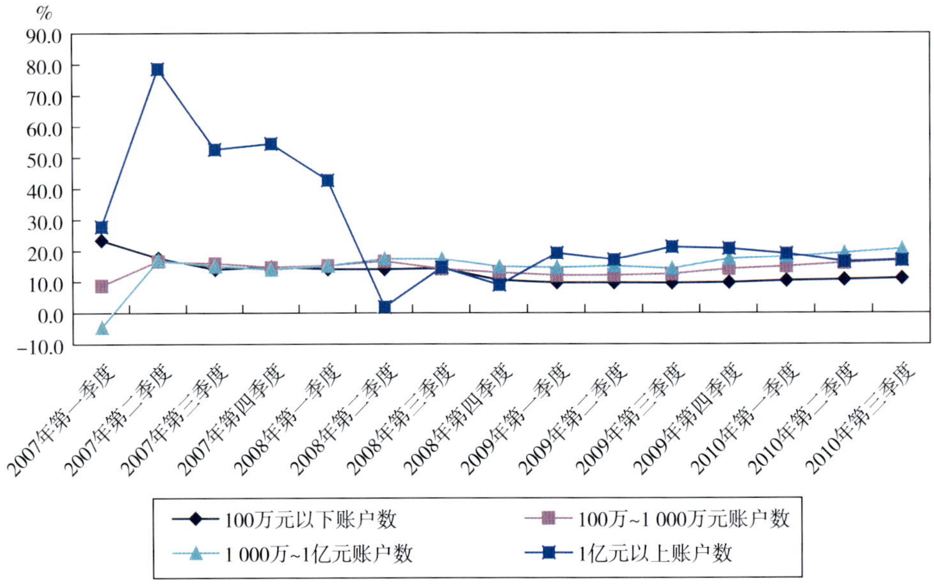

图 68　2007 年第一季度以来不同注册资金规模单位银行结算账户季度同比增速变动图

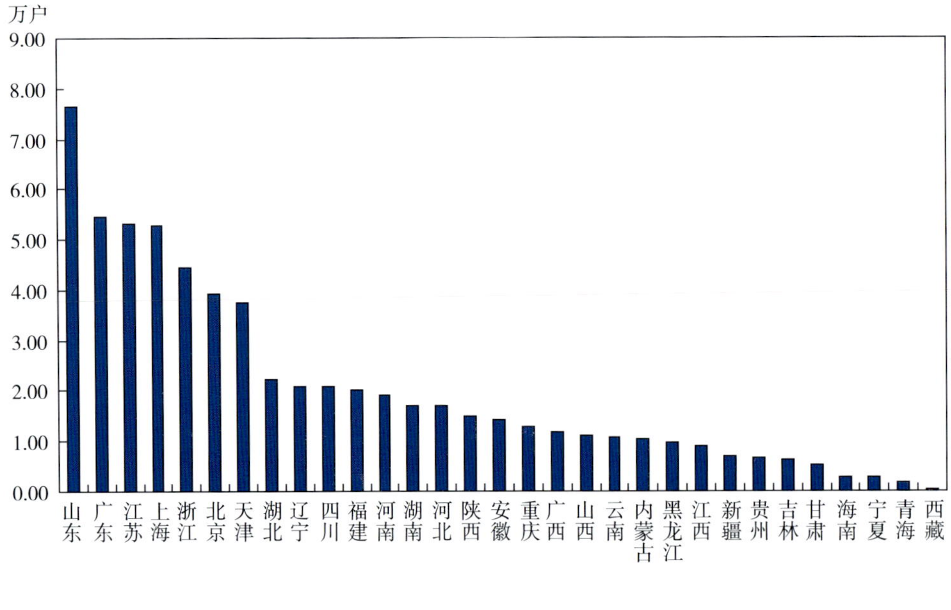

图 69　2010 年第三季度注册资金规模 1 亿元以上的单位银行结算账户地区分布图

注册资金规模在 100 万元以下单位开立的基本存款账户数量行别间分布情况基本保持稳定。截至第三季度末，国有商业银行、其他金融机构①、股份制商业银行和政策性银行拥有的注册资金在100万元以下的中小企业的基本存款账户数量分别为636.53万户、436.54万户、119.19万户和2.46万户，全国占比分别为53.3%、36.5%、10.0%和0.2%（如图70）。注册资金在100万元以下的中小企业基本存款账户数量分别占上述四类银行业金融机构基本存款账户总数的82.5%、87.2%、79.8%和51.0%。

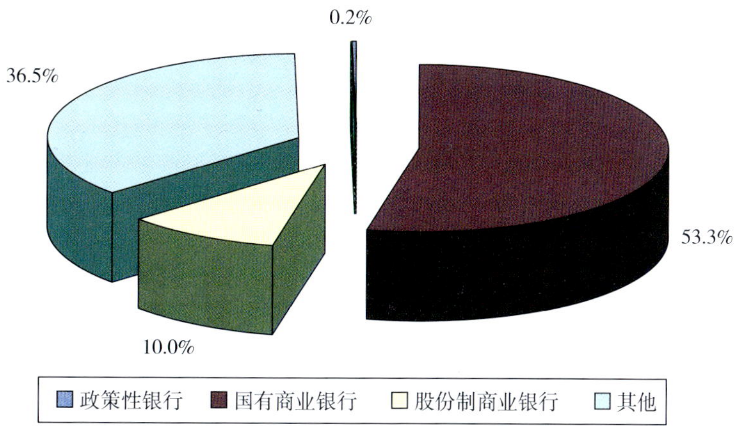

图70　2010年第三季度末各类银行业金融机构100万元以下基本存款账户数量占比示意图

农业、服务业、批发零售、房地产、住宿餐饮、建筑等与社会公众联系较为密切行业的银行结算账户数量持续增长。各行业单位银行结算账户数量延续了第二季度的增长态势。截至第三季度末，增速在前五位的农林牧渔业、租赁和商务服务业、居民服务和其他服务业、批发和零售业以及房地产业等与社会公众联系较为密切的行业，同比增幅分别为23.9%、20.4%、19.1%、18.6%和18.0%（见表14）。从季度同比增速的变化来看，房地产业账户数量同比增速上升最快，加快7.6个百分点，农、林、牧、渔业账户数量同比增速下降最快，下降6.9个百分点（如图71）。

① 含城市商业银行、农村商业银行、城市信用社、农村信用社、外资银行、其他。

表 14　各行业单位银行结算账户分布状况统计表

单位：万户、%

行业	2009 年第三季度	2010 年第二季度	2010 年第三季度	2010 年第三季度行业分布占比	2010 年第三季度同比增长率	2010 年第三季度环比增长率
农、林、牧、渔业	79.57	93.66	98.55	4.0	23.9	5.2
采掘业	19.32	20.81	21.35	0.9	10.5	2.6
制造业	386.25	411.43	420.73	17.6	8.9	2.3
电力、燃气及水的生产和供应业	27.23	28.19	28.42	1.2	4.4	0.8
建筑业	97.45	107.65	111.52	4.6	14.4	3.6
交通运输、仓储和邮政业	51.18	55.18	56.79	2.4	11.0	2.9
信息传输、计算机服务和软件业	68.82	74.59	76.55	3.2	11.2	2.6
批发和零售业	572.39	647.92	679.14	27.7	18.6	4.8
住宿和餐饮业	36.31	40.11	41.69	1.7	14.8	3.9
金融业	22.85	24.20	24.32	1.0	6.5	0.5
房地产业	61.47	69.82	72.53	3.0	18.0	3.9
租赁和商务服务业	62.68	71.96	75.45	3.1	20.4	4.9
科学研究、技术服务和地质勘查业	25.62	27.74	28.48	1.2	11.1	2.7
水利、环境和公共设施管理业	18.33	19.93	20.42	0.9	11.4	2.5
居民服务和其他服务业	151.16	172.12	180.10	7.4	19.1	4.6
教育业	29.18	30.50	30.96	1.3	6.1	1.5
卫生、社会保障和社会福利业	34.07	35.93	36.50	1.5	7.1	1.6
文化、教育和娱乐业	29.50	32.16	33.11	1.4	12.2	3.0
公共管理与社会组织	93.21	98.62	100.34	4.2	7.7	1.8
其他行业	267.58	274.05	276.33	11.7	3.3	0.8
全国	2 134.18	2 336.56	2 413.31	100.0	13.1	3.3

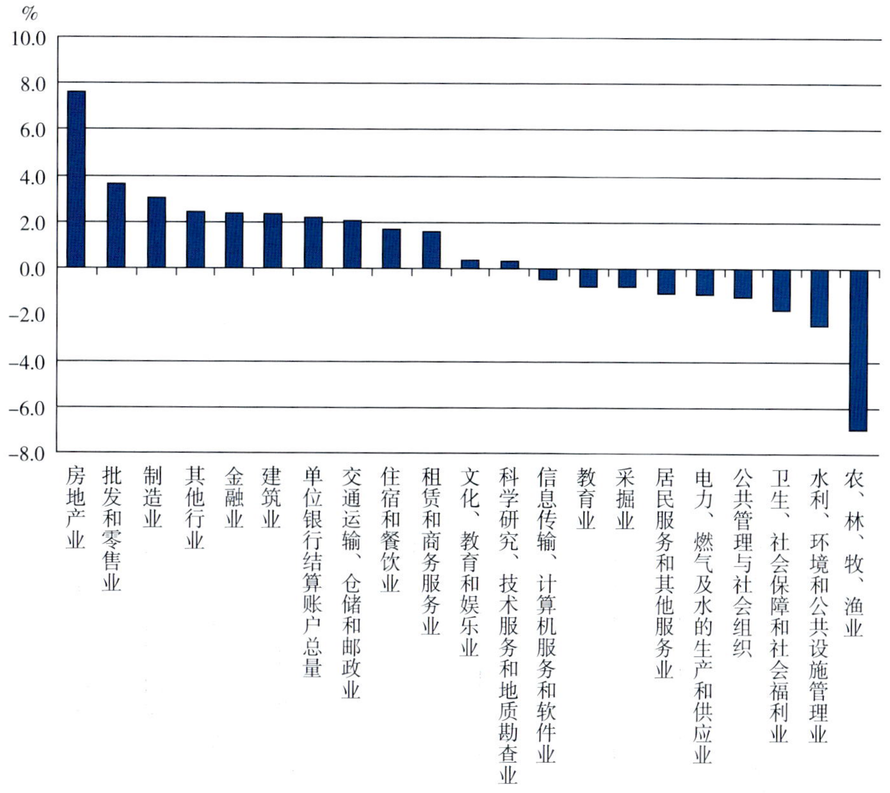

图 71　2010 年第三季度各行业单位银行结算账户同比增速状况示意图

房地产业单位银行结算账户数量继续增长，但在连续六个季度环比加速增长后，首次出现增速放缓态势；经济发达地区房地产行业单位结算账户数量环比增速低于全国总体平均水平。截至第三季度末，全国房地产业单位银行结算账户数量共计 72.53 万户，环比增长 3.9%，环比增速较第二季度下降 0.8 个百分点，自 2009 年第一季度以来首次出现环比增速回落态势（如图 72），国家各项综合调控房地产行业的政策效应初步显现。分地区来看，房地产业单位银行结算账户数量主要集中在东部和中部经济发达地区，江苏、广东①、山东、上海、浙江、四川、河南、河北、北京等九省（市）房地产业单位银行结算账户数量全国占比之和超过全国的半数，达 52.9%。黑龙江、内蒙古、海南、新疆、河南等省（自治区）房地产业单位银行结算账户数量环比增速较高，快于全

① 此处广东数据不包含深圳数据。

国3.9%的总体平均水平；上海、青海、北京、浙江、深圳等省（市）房地产业单位银行结算账户数量环比增速较低，低于全国3.9%的总体平均水平（如图73）。值得关注的是，尽管2010年国家各部门出台了一系列调控房地产行业的政策，但是房地产业单位银行结算账户数量同比增速依然较快（18.0%），同比增速增幅（7.6个百分点）位居各行业之首，环比增速依然高于全国总体平均水平0.6个百分点，有关政策效应在单位银行结算账户方面的体现尚待观察。

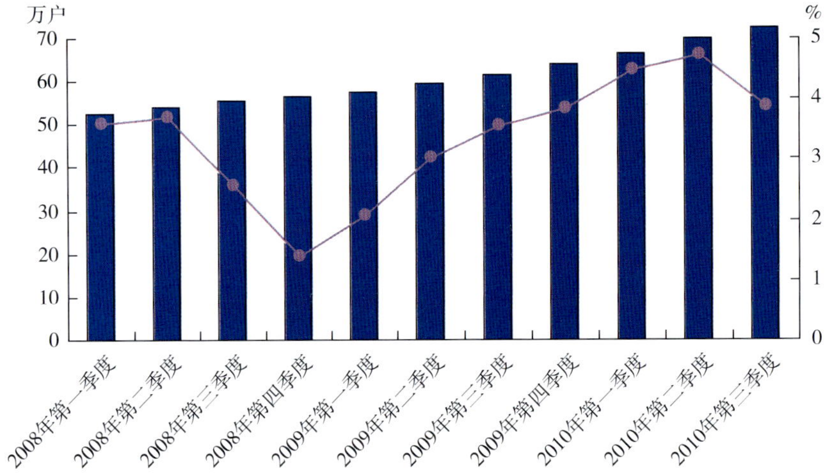

图72　2008年第一季度以来房地产业单位银行账户数量及环比增长变化示意图

制造业单位银行结算账户数量增长回升，在单位银行结算账户中的占比逐步下降。作为工业经济总体代表的制造业单位银行结算账户数量延续了前期回升向好的运行态势，环比和同比均继续增长。截至第三季度末，制造业单位银行结算账户共计420.73万户，环比增长2.3%，环比增速较第二季度下降0.3个百分点，同比增长8.9%，同比增速提高3.0个百分点。制造业单位银行结算账户数量占全行业单位银行结算账户数量的比重为17.4%，占比较第二季度下降0.2个百分点（如图74）。

企业法人是单位银行结算账户的主要开户人，占比持续扩大。截至第三季度末，企业法人存款人银行结算账户共计1 596.58万户，环比增长3.4%，同比增长14.0%，占全部单位银行结算账户数量的66.2%，较上个季度上升0.1个百分点（如图75、图76）。

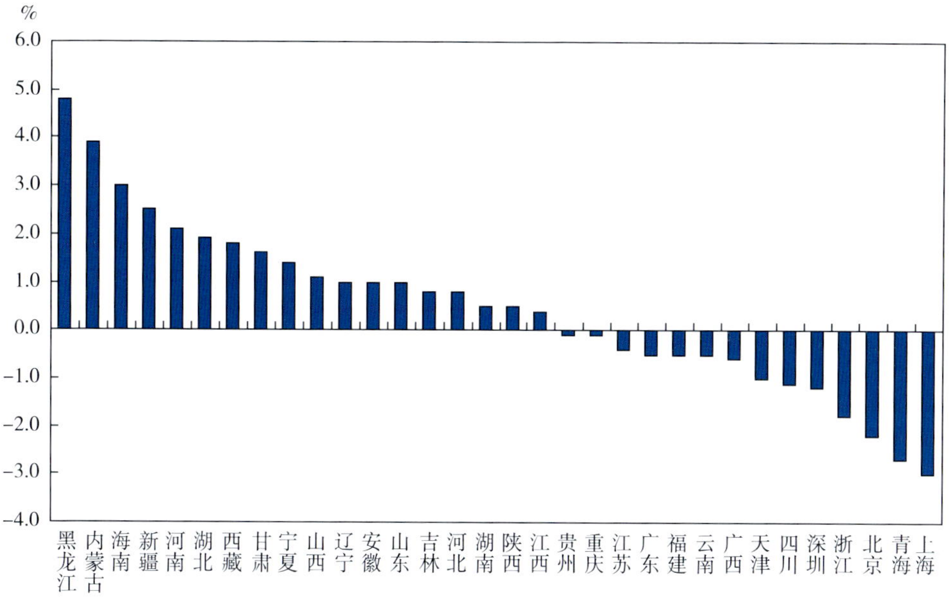

图 73　2010 年第三季度各省（市、自治区）房地产业单位银行账户数量环比增速与全国平均环比增速差额示意图

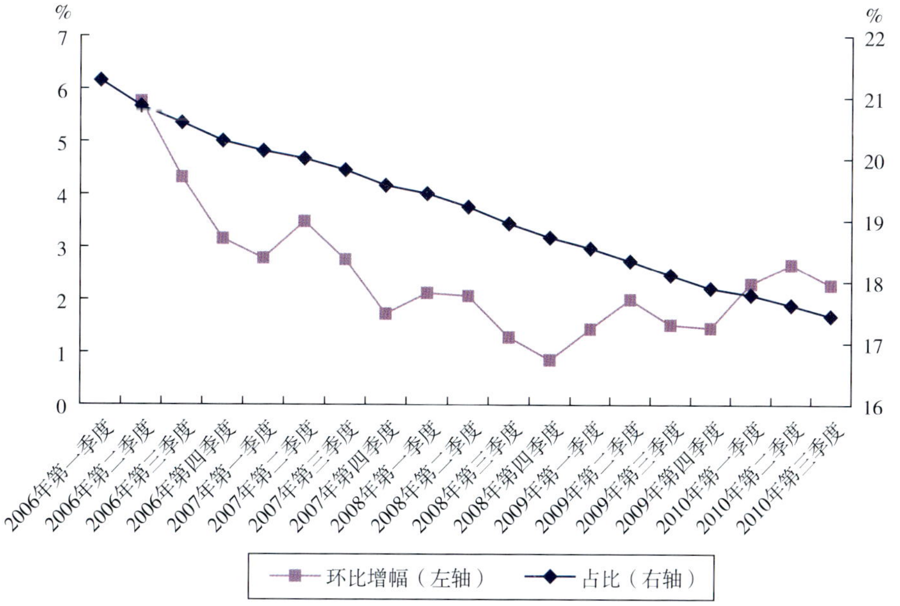

图 74　2006 年第一季度以来制造业账户数量环比增幅及占比示意图

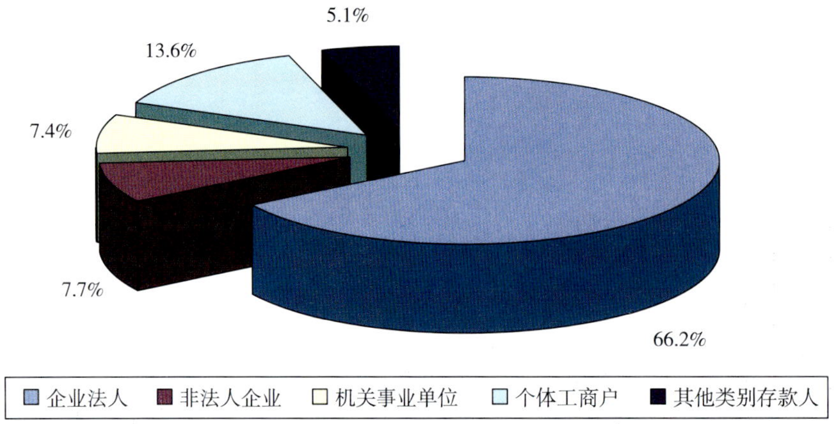

图 75　2010 年第三季度末各类存款人账户数量结构示意图

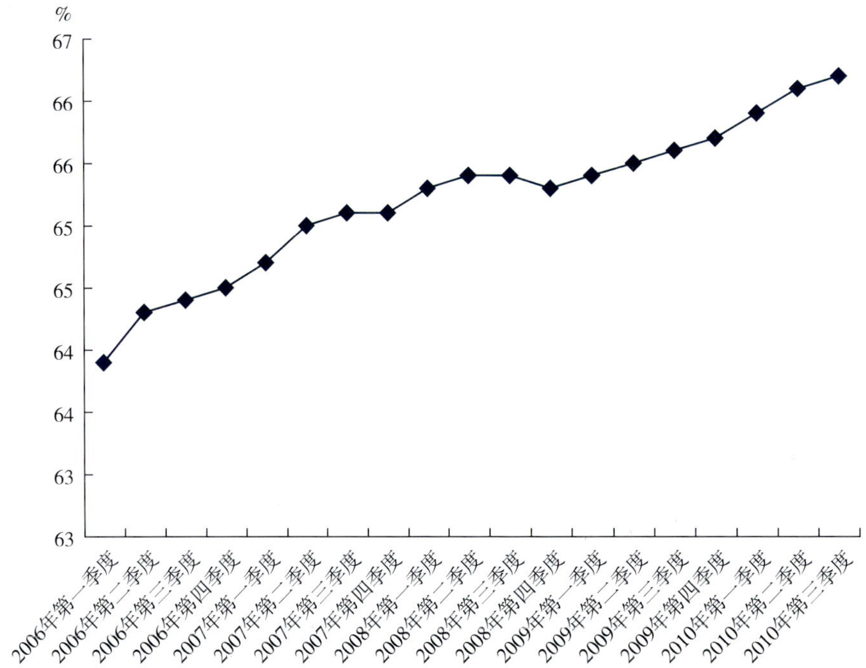

图 76　2006 年第一季度以来企业法人存款人银行结算账户占比变化趋势图

（二）个人银行结算账户

个人银行结算账户数量继续大幅增长。随着我国经济的持续快速增长，人民生活水平得到极大改善，社会公众对于日常支付的需求日益提高，个人银行结算账户持续大幅增长。截至第三季度末，个人银行结算账户 320 839. 81 万户，环比增长 6. 7%，同比增长 17. 8%，同比增幅连续五个季度稳定在17%以上（如图77、图78）。

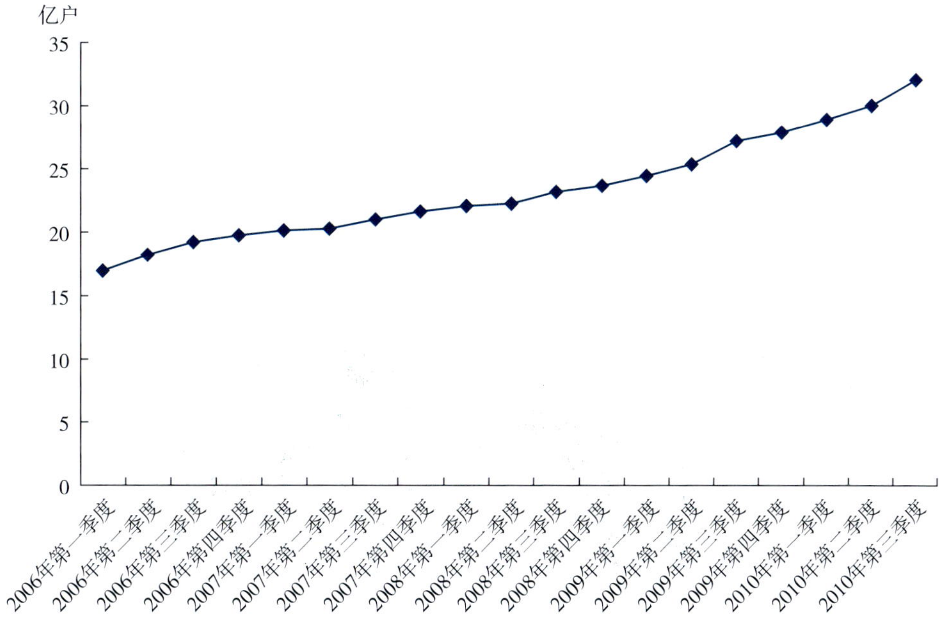

图77　2006年第一季度以来个人银行结算账户数量变化趋势示意图

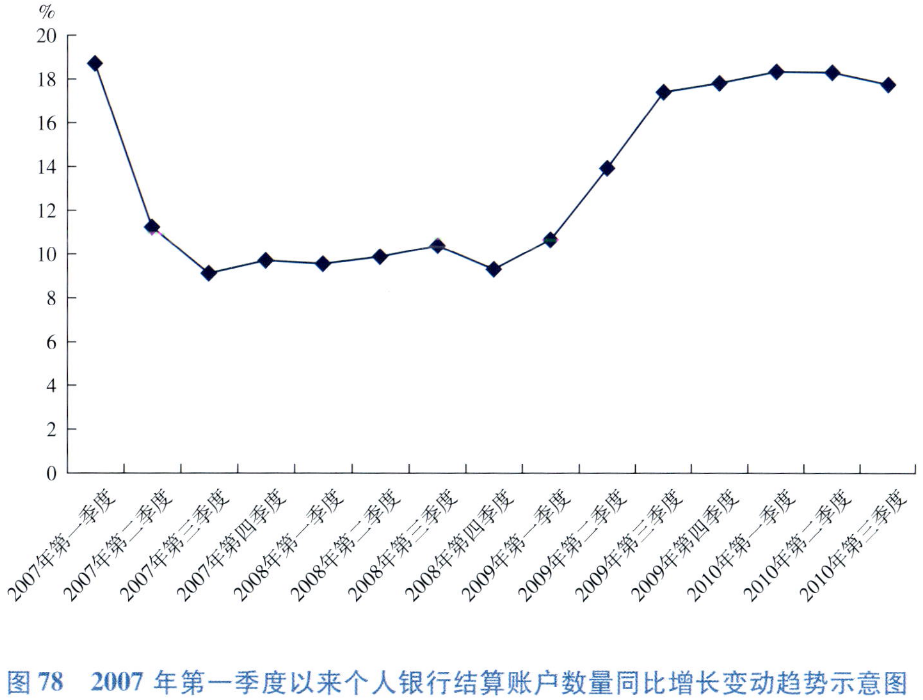

图78　2007年第一季度以来个人银行结算账户数量同比增长变动趋势示意图

超过六成的个人结算账户分布在经济大省或人口大省。个人银行结算账户数量占比前十名的省（市）是广东①、江苏、浙江、山东、河南、

① 广东个人账户数量包括深圳数据。

上海、福建、四川、北京、辽宁，十省（市）个人银行结算账户共计204 670.34万户，全国占比合计达63.8%，其中前七名省（市）占比之和超过50%（如图79）。甘肃、内蒙古、海南、宁夏、青海、西藏等6个省（自治区）的个人银行结算账户占比在1%以下，全国占比合计仅为3.1%。

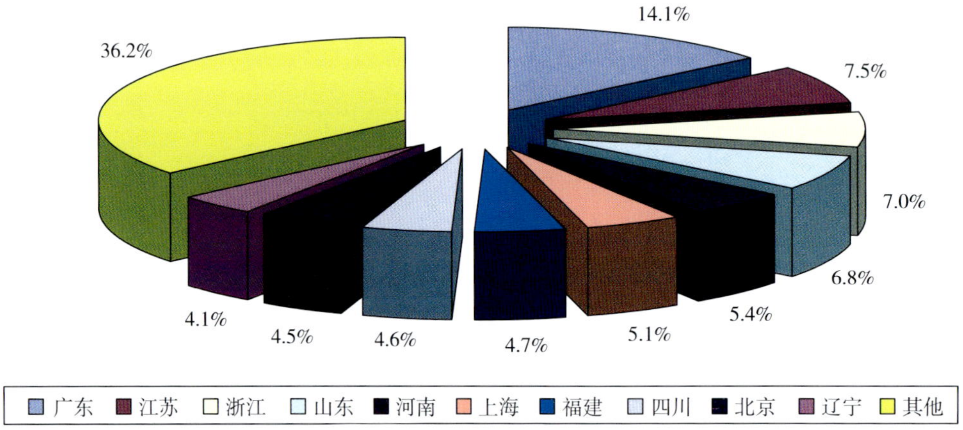

图79　2010年第三季度末个人银行结算账户地区分布示意图

上海、北京、广东等经济发达地区人均个人银行结算账户拥有量远高于全国平均水平。截至第三季度末，全国人均个人银行结算账户2.40户。其中，上海、北京、广东、浙江、福建五省（市）人均个人银行结算账户数远超全国人均水平，分别为8.50户、8.17户、4.69户、4.35户、4.19户（如图80）。

多数社会公众仍然选择在国有商业银行开立个人银行结算账户，各类型银行的个人银行结算账户占比相对保持稳定。从长期来看，国有商业银行个人银行结算账户占比逐期缓慢下降，其他类型银行业金融机构的占比均表现出略微上升的趋势。从短期来看，各类型银行的个人银行结算账户占比相对保持稳定（如图81）。截至第三季度末，64.0%的社会公众在国有商业银行开立个人银行结算账户，中国邮政储蓄银行、农村信用社等金融机构以及股份制商业银行个人结算账户数量占比分别为13.6%、13.2%和9.2%。

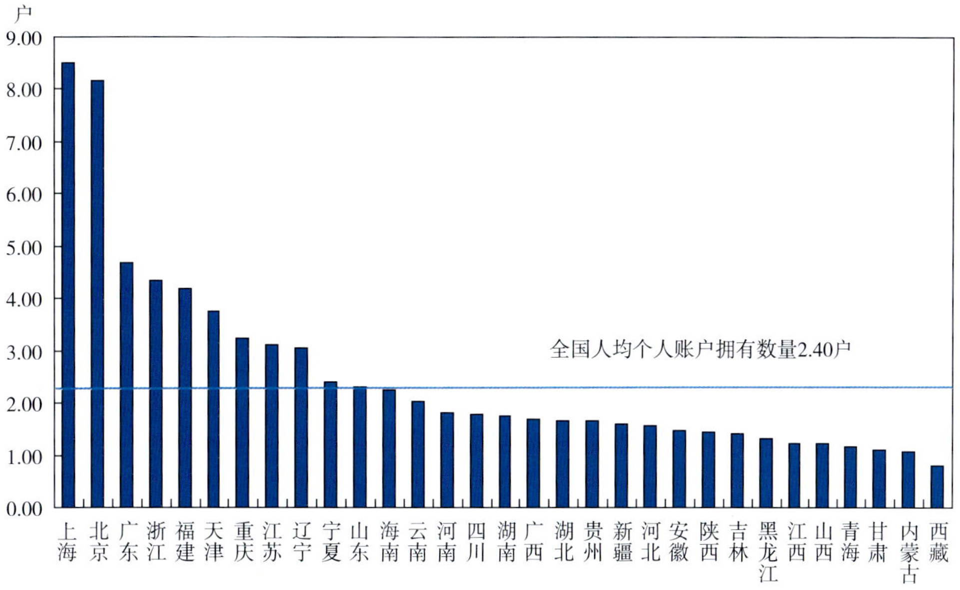

图 80　2010 年第三季度末各省（市、自治区）个人结算账户人均拥有数量示意图

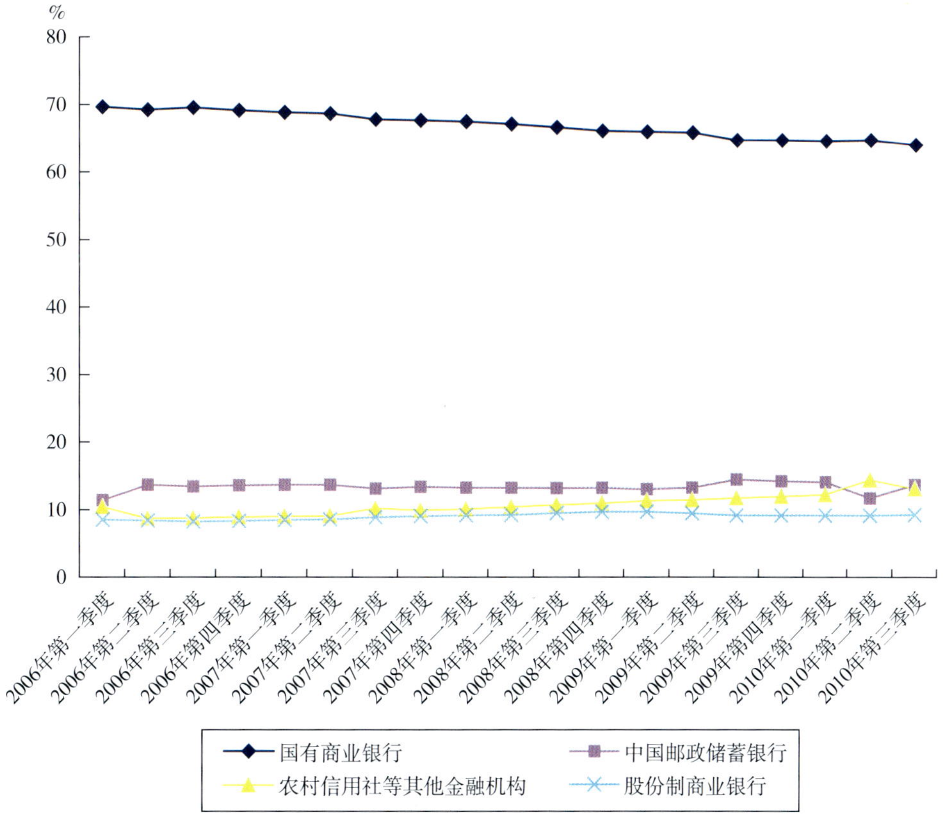

图 81　2006 年第一季度以来各类银行业金融机构个人银行结算账户数量占比示意图

第二部分

支付业务报表

一、非现金支付工具类报表

非现金支付工具结构情况季报表

2010 年第三季度　　　　单位：万笔、亿元

业务类别	项目	笔数	金额
票据	银行汇票	174.58	10 024.82
	其中：现金银行汇票	1.20	13.74
	转账银行汇票	173.38	10 011.07
	商业汇票	242.30	28 925.53
	其中：商业承兑汇票	5.08	1 440.33
	银行承兑汇票	237.22	27 485.20
	银行本票	196.35	21 285.57
	其中：现金本票	1.57	104.04
	转账本票	194.78	21 181.53
	支票	22 403.46	655 137.77
	其中：现金支票	7 012.34	49 049.02
	转账支票	15 391.12	606 088.75
	其中：单位支票	22 107.84	653 876.33
	个人支票	295.63	1 261.44
	国内信用证	1.44	1 520.13
	合计	23 018.14	716 893.81
银行卡	存现	118 082.52	109 512.68
	取现	300 833.85	132 818.87
	其中：ATM 取现	219 655.90	23 988.22
	消费	125 928.16	25 960.09
	转账	120 984.22	364 585.88
	合计	665 828.76	632 877.53
结算方式	汇兑	26 859.14	945 254.41
	托收承付	19.83	1 990.85
	委托收款	732.50	29 352.10
	其中：同城特约委托收款	518.75	3 356.91
	商业承兑汇票	4.02	1 359.62
	银行承兑汇票	205.44	24 391.59
	合计	27 611.47	976 597.36

2010 年

业务类别		政策性银行		国有商业银行	
	项目	笔数	金额	笔数	金额
票据	银行汇票	0.09	23.19	142.91	7 443.61
	其中：现金银行汇票			1.10	9.27
	转账银行汇票	0.09	23.19	141.81	7 434.35
	商业汇票	0.07	25.24	73.42	7 213.11
	其中：商业承兑汇票		3.25	1.63	167.18
	银行承兑汇票	0.07	21.98	71.79	7 045.93
	银行本票	0.09	17.23	117.78	10 881.74
	其中：现金本票			1.49	103.00
	转账本票	0.09	17.23	116.29	10 778.74
	支票	42.79	4 361.49	14 065.04	461 996.93
	其中：现金支票	17.92	411.32	4 279.70	33 496.81
	转账支票	24.87	3 950.17	9 785.34	428 500.12
	其中：单位支票	42.79	4 361.49	13 898.81	461 565.65
	个人支票			166.22	431.28
	国内信用证			1.07	940.14
	合计	43.04	4 427.15	14 400.22	488 475.53

季报表

第三季度　　　　　　　　　　　　　　　　　　　单位：万笔、亿元

股份制商业银行		中国邮政储蓄银行		其他银行		合计	
笔数	金额	笔数	金额	笔数	金额	笔数	金额
6. 54	974. 95			25. 04	1 583. 07	174. 58	10 024. 82
				0. 10	4. 47	1. 20	13. 74
6. 54	974. 95			24. 94	1 578. 60	173. 38	10 011. 09
93. 01	15 233. 35			75. 80	6 453. 83	242. 30	28 925. 53
2. 52	1 048. 46			0. 93	221. 44	5. 08	1 440. 33
90. 49	14 184. 89			74. 87	6 232. 40	237. 22	27 485. 20
29. 59	4 756. 44	0. 03	4. 85	48. 86	5 625. 31	196. 35	21 285. 57
0. 01	0. 17			0. 07	0. 87	1. 57	104. 04
29. 58	4 756. 27	0. 03	4. 85	48. 79	5 624. 44	194. 78	21 181. 53
1 965. 98	81 576. 19	75. 34	2 025. 06	6 254. 32	105 178. 10	22 403. 47	655 137. 77
481. 39	2 096. 17	27. 21	175. 18	2 206. 13	12 869. 53	7 012. 35	49 049. 01
1 484. 59	79 480. 02	48. 13	1 849. 88	4 048. 19	92 308. 57	15 391. 12	606 088. 76
1 937. 94	81 435. 48	75. 34	2 025. 06	6 152. 95	104 488. 65	22 107. 83	653 876. 33
28. 04	140. 71			101. 37	689. 45	295. 63	1 261. 44
0. 34	568. 39			0. 03	11. 60	1. 44	1 520. 13
2 095. 46	103 109. 32	75. 37	2 029. 92	6 404. 05	118 851. 91	23 018. 14	716 893. 83

2010 年

项目 行别	银行卡数量								
	当期发卡数量				期末卡数量				
	贷记卡	准贷记卡	借记卡	小计	贷记卡	准贷记卡	借记卡	小计	睡眠卡
政策性银行									
国有商业银行	727.71	157.56	6 941.43	7 826.70	11 307.12	2 195.28	113 839.37	127 341.77	24 918.89
股份制商业银行	636.51	0.68	1 139.01	1 776.20	7 551.99	185.09	29 627.52	37 364.60	12 018.49
城市商业银行	89.57	13.05	609.80	712.42	887.82	4.06	11 071.20	11 963.08	2 286.17
农村商业银行	5.08		598.06	603.14	45.98		8 844.06	8 890.04	1 392.84
城市信用社			1.03	1.03			8.42	8.42	
农村信用社	1.33		1 201.57	1 202.90	2.62		12 694.24	12 696.86	520.99
外资银行	1.01		9.93	10.94	4.85		62.84	67.69	2.47
中国邮政储蓄银行	12.60		2 122.98	2 135.58	47.93		39 605.12	39 653.05	10 439.69
合计	1 473.81	171.29	12 623.81	14 268.91	19 848.31	2 384.43	215 752.77	237 985.51	51 579.54

注：本报表中空格部分的数据表示该项数据小于0.005且大于0，下同。

情况季报表

第三季度　　　　单位：万张、万笔、亿元、万台

资金交易情况										ATM数量
存现		取现		消费		转账		小计		
笔数	金额	笔数	金额	笔数	金额	笔数	金额	笔数	金额	
80 261.85	71 787.29	200 155.22	88 340.90	72 535.44	16 581.33	90 344.71	220 623.52	443 297.22	397 333.04	14.43
12 443.69	11 201.13	26 318.39	12 389.78	38 763.40	5 100.73	17 367.44	115 645.59	94 892.92	144 337.23	3.74
4 640.19	5 607.21	10 304.04	6 421.97	6 262.94	1 094.26	4 531.43	8 755.95	25 738.60	21 879.39	1.19
3 708.10	6 172.27	10 734.51	7 272.72	2 136.79	1 153.50	4 384.12	7 665.74	20 963.52	22 264.23	1.51
2.50	4.64	11.30	6.22	1.57	1.07	2.49	9.41	17.86	21.34	
7 286.68	8 802.06	14 525.53	9 724.97	1 624.72	956.49	2 444.55	9 330.26	25 881.48	28 813.78	1.46
9.03	12.90	92.82	19.74	49.28	11.85	1.47	15.40	152.60	59.89	0.08
9 730.48	5 925.18	38 692.04	8 642.56	4 554.03	1 060.86	1 908.02	2 540.00	54 884.57	18 168.60	2.37
118 082.52	109 512.68	300 833.85	132 818.86	125 928.17	25 960.09	120 984.23	364 585.87	665 828.77	632 877.50	24.78

二、支付系统类报表

大额实时支付系统地区间

2010 年

资金流入 资金流出	北京市		天津市	
	笔数	金额	笔数	金额
北京市	182. 18	572 479. 39	12. 22	18 028. 45
天津市	12. 79	18 168. 32	58. 71	17 612. 94
河北省	21. 94	13 689. 53	10. 60	1 088. 62
山西省	6. 66	10 093. 47	1. 71	320. 37
内蒙古自治区	7. 54	8 286. 49	1. 54	104. 15
辽宁省	13. 95	24 770. 21	4. 25	1 183. 03
吉林省	5. 74	6 922. 62	1. 36	304. 21
黑龙江省	7. 21	6 272. 06	1. 50	1 448. 56
上海市	35. 12	141 778. 95	7. 15	5 225. 58
江苏省	16. 81	37 403. 00	4. 49	946. 59
浙江省	14. 95	28 613. 26	3. 43	827. 85
安徽省	5. 09	11 114. 01	1. 01	104. 59
福建省	5. 05	24 718. 91	1. 10	651. 68
江西省	3. 47	9 923. 41	0. 48	107. 89
山东省	20. 02	24 367. 84	6. 46	989. 64
河南省	7. 54	12 030. 80	1. 75	1 247. 95
湖北省	6. 81	15 392. 96	1. 17	170. 25
湖南省	4. 23	9 379. 89	0. 66	137. 97
广东省	15. 20	37 726. 57	3. 13	1 110. 90
海南省	1. 16	1 947. 62	0. 13	31. 35
广西壮族自治区	2. 57	3 689. 31	0. 33	34. 10
重庆市	3. 41	9 105. 78	0. 51	123. 93
四川省	7. 30	11 297. 86	1. 01	567. 67
贵州省	1. 61	3 405. 69	0. 19	27. 64
云南省	2. 95	5 901. 81	0. 41	115. 78
西藏自治区	0. 21	476. 47	0. 02	0. 99
陕西省	5. 30	6 597. 30	1. 01	219. 84
甘肃省	2. 48	5 402. 35	0. 46	85. 79
青海省	0. 61	934. 37	0. 10	4. 66
宁夏回族自治区	1. 56	2 000. 23	0. 38	30. 29
新疆维吾尔自治区	3. 07	3 230. 00	0. 54	51. 95
深圳市	15. 54	81 215. 67	2. 15	1 809. 49
合计	440. 07	1 148 336. 15	129. 96	54 714. 70

资金流量流向情况季报表

第三季度　　　　　　　　　　　　　　　　　　单位：万笔、亿元

河北省		山西省		内蒙古自治区	
笔数	金额	笔数	金额	笔数	金额
19. 48	13 177. 70	4. 21	9 936. 29	4. 02	8 127. 61
8. 98	1 153. 36	1. 09	400. 81	0. 87	125. 08
165. 32	20 778. 47	2. 82	388. 47	2. 00	203. 00
4. 22	258. 69	93. 39	15 170. 04	0. 98	186. 37
3. 25	170. 03	1. 07	218. 08	73. 04	13 195. 10
6. 83	941. 11	0. 83	738. 76	1. 96	352. 12
2. 90	158. 68	0. 28	120. 67	0. 76	121. 79
2. 43	95. 73	0. 31	66. 67	0. 86	60. 85
7. 05	1 151. 12	4. 75	1 249. 00	3. 21	765. 64
7. 19	563. 48	2. 45	751. 03	1. 19	202. 61
6. 76	707. 93	1. 76	563. 33	1. 10	236. 75
1. 90	101. 79	0. 59	56. 43	0. 44	41. 82
1. 62	302. 07	0. 54	403. 59	0. 38	663. 92
1. 07	80. 07	0. 34	228. 63	0. 20	61. 84
12. 31	1 140. 38	2. 68	585. 05	1. 53	214. 91
4. 39	845. 31	2. 14	635. 22	0. 67	412. 45
2. 24	155. 47	0. 73	136. 40	0. 37	53. 55
1. 34	82. 78	0. 44	158. 55	0. 28	59. 96
4. 83	845. 64	1. 47	436. 20	0. 90	243. 00
0. 20	26. 95	0. 09	27. 13	0. 04	4. 39
0. 63	30. 27	0. 20	54. 33	0. 12	24. 39
0. 94	106. 42	0. 31	46. 39	0. 15	30. 76
1. 86	281. 54	0. 68	260. 13	0. 40	61. 99
0. 43	29. 94	0. 14	95. 38	0. 09	18. 58
0. 81	63. 82	0. 22	20. 03	0. 10	23. 41
0. 05	2. 25	0. 01	1. 97	0. 01	1. 74
2. 08	69. 94	1. 69	114. 40	1. 18	176. 33
1. 05	179. 24	0. 33	161. 24	0. 38	51. 35
0. 25	33. 92	0. 08	7. 78	0. 07	5. 10
0. 63	31. 71	0. 25	55. 08	1. 11	128. 32
1. 14	63. 38	0. 20	39. 96	0. 18	15. 52
2. 84	991. 32	1. 10	749. 68	0. 75	204. 37
277. 02	44 620. 51	127. 19	33 876. 72	99. 34	26 074. 62

2010 年

资金流入 / 资金流出	辽宁省		吉林省	
	笔数	金额	笔数	金额
北京市	9. 10	24 103. 70	3. 08	6 989. 72
天津市	2. 65	1 122. 49	0. 62	256. 90
河北省	3. 78	891. 14	0. 93	129. 91
山西省	1. 00	702. 78	0. 30	131. 10
内蒙古自治区	2. 83	355. 41	0. 83	115. 76
辽宁省	131. 08	30 883. 81	4. 61	1 823. 12
吉林省	8. 83	1 805. 72	65. 57	13 259. 61
黑龙江省	6. 01	884. 00	2. 35	912. 13
上海市	10. 44	3 574. 73	3. 43	1 469. 22
江苏省	5. 14	3 184. 36	1. 44	1 291. 16
浙江省	5. 30	1 982. 99	1. 68	514. 32
安徽省	1. 16	64. 09	0. 48	87. 06
福建省	1. 26	1 945. 52	0. 56	482. 01
江西省	0. 60	113. 91	0. 33	92. 61
山东省	5. 81	1 415. 39	1. 81	1 052. 60
河南省	1. 60	1 655. 24	0. 56	440. 06
湖北省	1. 23	210. 56	0. 46	186. 91
湖南省	0. 75	609. 66	0. 33	188. 28
广东省	4. 11	1 752. 66	1. 36	387. 15
海南省	0. 21	156. 70	0. 08	9. 73
广西壮族自治区	0. 49	62. 49	0. 21	39. 62
重庆市	0. 62	1 101. 85	0. 23	180. 04
四川省	1. 24	1 166. 91	0. 53	113. 08
贵州省	0. 22	10. 99	0. 14	26. 17
云南省	0. 51	210. 49	0. 27	42. 63
西藏自治区	0. 02	2. 52	0. 01	8. 00
陕西省	1. 23	217. 28	0. 33	95. 52
甘肃省	0. 46	136. 39	0. 19	38. 83
青海省	0. 08	2. 97	0. 03	2. 81
宁夏回族自治区	0. 23	10. 14	0. 06	37. 06
新疆维吾尔自治区	0. 49	56. 69	0. 15	127. 14
深圳市	4. 35	1 696. 81	1. 21	694. 67
合计	212. 83	82 090. 39	94. 17	31 224. 93

资金流量流向情况季报表

第三季度　　　　　　　　　　　　　　　　　　　单位：万笔、亿元

黑龙江省		上海市		江苏省	
笔数	金额	笔数	金额	笔数	金额
3. 82	6 245. 92	36. 16	137 041. 29	15. 80	38 226. 53
0. 67	1 438. 88	8. 66	5 039. 48	5. 95	794. 27
0. 97	47. 37	7. 03	1 116. 20	6. 75	493. 89
0. 30	40. 91	3. 12	1 192. 02	2. 91	609. 63
1. 33	98. 97	2. 34	673. 76	2. 06	215. 27
3. 59	844. 32	12. 12	3 369. 37	7. 95	2 826. 63
2. 61	884. 15	3. 98	1 311. 81	2. 98	1 317. 53
62. 58	9 133. 41	4. 28	666. 89	2. 79	458. 70
3. 69	701. 92	158. 53	158 592. 24	84. 11	11 271. 38
1. 40	580. 91	93. 90	11 412. 22	340. 45	63 824. 46
1. 61	298. 58	71. 29	10 616. 73	59. 87	3 869. 62
0. 56	36. 14	12. 74	2 658. 39	19. 83	949. 54
0. 41	910. 78	10. 71	10 774. 63	8. 46	3 082. 95
0. 24	101. 75	5. 94	1 070. 79	4. 89	334. 36
1. 94	941. 45	21. 29	4 699. 32	23. 95	2 548. 85
0. 58	594. 00	6. 82	2 899. 68	8. 20	4 632. 38
0. 45	105. 26	9. 70	2 000. 20	8. 13	714. 96
0. 27	40. 55	5. 13	1 472. 02	4. 49	704. 94
1. 29	163. 54	26. 05	8 633. 69	19. 59	2 193. 58
0. 14	22. 52	1. 16	434. 71	0. 59	43. 41
0. 22	44. 36	2. 83	497. 12	2. 05	171. 11
0. 23	260. 92	4. 75	1 659. 85	3. 28	573. 82
0. 56	81. 69	8. 69	1 451. 59	5. 69	573. 94
0. 13	13. 72	1. 76	352. 07	1. 27	134. 45
0. 25	202. 65	3. 15	1 171. 20	2. 23	327. 71
0. 01	3. 88	0. 08	11. 05	0. 06	3. 13
0. 33	43. 17	4. 72	1 116. 50	4. 02	266. 79
0. 19	109. 45	1. 95	2 071. 96	1. 74	521. 17
0. 03	0. 85	0. 40	37. 43	0. 43	45. 35
0. 07	28. 80	1. 01	222. 63	0. 83	131. 62
0. 15	23. 99	2. 39	360. 40	1. 93	699. 07
1. 42	211. 79	20. 11	20 459. 67	13. 59	2 950. 98
92. 04	24 256. 60	552. 79	395 086. 91	666. 87	145 512. 02

2010 年

资金流入 / 资金流出	浙江省		安徽省	
	笔数	金额	笔数	金额
北京市	12. 07	29 596. 92	3. 25	11 000. 60
天津市	4. 03	726. 74	0. 70	100. 26
河北省	5. 35	589. 46	1. 30	89. 30
山西省	2. 03	471. 43	0. 71	49. 83
内蒙古自治区	1. 40	133. 98	0. 54	28. 52
辽宁省	7. 14	1 621. 75	1. 14	76. 78
吉林省	3. 40	588. 16	0. 54	53. 35
黑龙江省	2. 98	196. 31	0. 58	28. 71
上海市	53. 02	10 393. 27	7. 67	2 723. 91
江苏省	52. 56	3 467. 36	13. 50	982. 93
浙江省	460. 24	56 767. 42	9. 39	627. 70
安徽省	10. 95	550. 29	138. 45	16 899. 26
福建省	11. 41	2 558. 37	1. 60	748. 95
江西省	7. 90	1 058. 81	1. 62	99. 65
山东省	16. 87	2 921. 63	3. 29	526. 65
河南省	8. 06	4 295. 04	1. 86	451. 93
湖北省	6. 94	1 611. 87	1. 89	503. 29
湖南省	5. 45	1 086. 68	1. 03	78. 33
广东省	23. 83	2 031. 50	3. 62	476. 78
海南省	0. 62	74. 53	0. 20	14. 98
广西壮族自治区	2. 14	154. 09	0. 50	51. 20
重庆市	3. 36	321. 66	0. 54	30. 96
四川省	5. 35	670. 82	1. 19	168. 02
贵州省	1. 50	86. 57	0. 31	11. 46
云南省	2. 73	339. 10	0. 52	65. 08
西藏自治区	0. 07	2. 35	0. 04	1. 02
陕西省	3. 41	271. 53	0. 69	48. 60
甘肃省	1. 77	521. 48	0. 39	121. 16
青海省	0. 36	26. 47	0. 09	7. 18
宁夏回族自治区	0. 67	84. 00	0. 16	10. 88
新疆维吾尔自治区	2. 26	94. 90	0. 43	15. 69
深圳市	14. 34	3 623. 47	3. 64	1 801. 90
合计	734. 21	126 937. 96	201. 38	37 894. 86

资金流量流向情况季报表

第三季度　　　　　　　　　　　　　　　　　　单位：万笔、亿元

福建省		江西省		山东省	
笔数	金额	笔数	金额	笔数	金额
6.27	25 192.41	2.29	9 785.08	14.21	22 789.34
1.27	669.71	0.32	112.90	5.08	938.08
1.43	340.54	0.58	68.85	10.19	1 060.68
0.73	393.69	0.28	215.82	3.24	508.71
0.46	613.35	0.20	53.00	2.63	306.13
2.04	1 987.87	0.57	91.07	7.17	1 342.30
0.97	432.87	0.24	118.09	2.82	917.41
0.83	866.78	0.27	87.76	2.91	908.40
11.31	10 897.60	3.35	1 076.68	16.55	5 788.50
6.82	3 126.23	3.11	344.94	22.33	2 759.82
11.00	2 868.09	6.86	1 138.69	14.94	3 368.91
1.84	792.80	1.32	93.58	4.66	534.28
284.24	25 424.71	2.96	488.02	3.62	2 272.98
3.39	443.16	65.90	8 805.30	2.03	538.37
3.90	2 176.90	1.29	471.95	304.07	45 507.83
1.97	2 076.46	0.88	618.70	6.89	2 963.36
2.22	2 208.89	1.48	216.42	3.30	588.54
1.63	2 261.30	1.84	459.37	2.05	354.26
14.58	2 399.17	7.39	1 533.16	8.36	1 173.39
0.39	27.58	0.18	8.13	0.36	68.99
1.45	216.97	0.64	205.22	1.22	151.89
1.05	1 096.68	0.44	114.65	1.41	755.69
1.81	1 465.62	0.87	82.22	2.86	557.83
0.64	36.12	0.29	80.24	0.66	90.82
1.06	327.32	0.40	158.26	1.17	171.65
0.02	13.09	0.01	1.93	0.05	3.26
1.01	506.42	0.37	24.50	2.64	281.54
0.47	28.94	0.17	76.50	1.35	727.12
0.08	11.27	0.04	9.93	0.30	41.29
0.17	12.04	0.06	87.38	0.71	161.92
0.52	246.05	0.19	23.38	1.54	105.99
9.84	2 840.92	7.49	767.09	6.09	1 459.40
375.41	92 001.55	112.28	27 418.81	457.41	99 198.68

2010 年

资金流入 资金流出	河南省		湖北省	
	笔数	金额	笔数	金额
北京市	5.95	11 776.33	5.27	15 276.58
天津市	1.37	1 685.98	0.85	127.05
河北省	3.56	816.55	1.73	156.25
山西省	2.92	664.55	1.11	137.34
内蒙古自治区	0.97	247.25	0.58	53.00
辽宁省	2.11	1 980.50	1.50	210.82
吉林省	0.89	740.80	0.66	110.28
黑龙江省	0.89	622.75	0.83	57.94
上海市	4.81	2 812.09	5.95	2 186.26
江苏省	7.40	3 480.02	5.41	736.36
浙江省	5.85	2 324.32	5.59	1 770.99
安徽省	2.58	586.11	2.21	518.29
福建省	1.90	2 377.26	1.89	2 134.82
江西省	1.39	512.24	2.68	225.79
山东省	5.84	2 829.85	3.11	638.56
河南省	144.38	28 772.33	3.44	1 064.92
湖北省	3.77	1 355.22	111.16	18 145.77
湖南省	1.61	1 141.68	3.76	371.87
广东省	6.11	2 637.51	7.91	819.31
海南省	0.23	30.10	0.31	47.49
广西壮族自治区	0.83	333.49	1.15	90.82
重庆市	1.03	3 228.74	1.65	160.69
四川省	2.02	1 049.56	2.14	217.45
贵州省	0.53	48.76	0.71	170.45
云南省	0.78	116.63	0.97	77.10
西藏自治区	0.04	2.67	0.06	2.30
陕西省	2.40	1 078.46	1.41	82.11
甘肃省	0.88	246.42	0.56	67.10
青海省	0.28	24.87	0.16	22.44
宁夏回族自治区	0.38	30.50	0.25	16.08
新疆维吾尔自治区	0.88	156.68	0.58	41.53
深圳市	4.67	1 879.80	6.93	876.00
合计	219.25	75 590.02	182.52	46 613.76

资金流量流向情况季报表

第三季度 单位：万笔、亿元

湖南省		广东省		海南省	
笔数	金额	笔数	金额	笔数	金额
3.46	9 360.21	17.02	38 905.42	1.16	2 019.85
0.49	146.18	3.69	1 032.69	0.17	52.33
0.93	68.65	4.49	701.97	0.30	48.48
0.54	162.88	2.12	438.84	0.21	27.95
0.42	57.38	1.55	217.70	0.10	13.00
0.84	809.70	6.86	1 649.15	0.35	140.66
0.34	179.02	3.66	363.13	0.17	10.23
0.39	86.35	3.16	167.60	0.36	32.63
3.47	1 386.60	25.23	9 374.88	1.56	413.83
3.03	779.49	17.47	2 196.34	0.61	51.30
3.64	645.74	24.10	2 098.44	0.88	87.04
1.01	92.98	5.10	396.21	0.34	11.57
1.46	2 429.27	14.28	2 392.56	0.46	25.93
2.63	465.19	7.75	1 613.64	0.29	13.46
1.74	385.40	11.16	1 093.03	0.59	74.83
1.19	1 007.46	5.92	2 494.31	0.32	57.06
2.80	329.30	8.29	749.00	0.35	29.42
122.71	12 848.82	9.28	850.71	0.29	12.69
10.96	991.79	585.64	56 623.95	2.28	156.69
0.30	16.76	3.39	199.29	30.33	2 618.16
1.57	137.88	9.83	554.51	0.29	9.70
0.80	353.02	4.25	323.57	0.21	27.19
1.34	181.35	7.23	938.62	0.37	19.05
1.06	52.57	2.61	205.85	0.10	2.68
0.91	84.02	4.81	333.56	0.18	9.71
0.02	4.79	0.07	2.47	0.01	0.70
0.68	207.87	3.27	160.57	0.16	18.79
0.34	150.26	1.70	427.54	0.09	24.54
0.09	11.15	0.27	18.89	0.01	0.32
0.14	18.72	0.78	44.92	0.03	1.15
0.39	63.62	1.94	58.70	0.09	5.06
9.06	1 523.07	92.36	9 675.97	1.44	149.00
178.75	35 037.49	889.28	136 304.03	44.10	6 165.00

2010 年

资金流入 / 资金流出	广西壮族自治区		重庆市	
	笔数	金额	笔数	金额
北京市	1.61	3 596.85	2.58	9 208.98
天津市	0.23	31.90	0.38	118.16
河北省	0.41	38.43	0.68	127.16
山西省	0.19	44.90	0.40	63.51
内蒙古自治区	0.11	22.75	0.24	47.27
辽宁省	0.38	48.63	0.65	901.65
吉林省	0.19	36.35	0.28	167.57
黑龙江省	0.26	48.09	0.32	275.64
上海市	3.02	614.32	3.25	1 716.07
江苏省	1.18	149.01	2.40	627.98
浙江省	1.68	187.90	2.75	538.79
安徽省	0.47	44.40	0.62	42.61
福建省	0.99	194.05	0.93	1 180.12
江西省	0.64	236.58	0.55	116.94
山东省	0.88	144.79	1.39	726.41
河南省	0.54	147.27	1.00	2 572.71
湖北省	0.71	90.85	1.37	182.08
湖南省	1.20	101.85	0.87	275.81
广东省	10.17	622.16	3.27	315.41
海南省	0.35	18.67	0.15	19.01
广西壮族自治区	64.29	8 276.00	0.56	123.90
重庆市	0.42	123.65	62.32	13 700.30
四川省	0.79	49.28	8.37	746.26
贵州省	0.75	47.45	1.72	178.28
云南省	0.87	57.30	1.09	139.74
西藏自治区	0.01	0.31	0.06	5.54
陕西省	0.28	23.14	0.71	73.61
甘肃省	0.13	27.46	0.28	58.05
青海省	0.03	3.90	0.08	14.31
宁夏回族自治区	0.04	1.47	0.10	13.43
新疆维吾尔自治区	0.13	8.36	0.35	39.55
深圳市	4.59	298.61	3.75	999.45
合计	97.54	15 336.68	103.47	35 316.30

资金流量流向情况季报表

第三季度　　　　　　　　　　　　　　　　　　　单位：万笔、亿元

四川省		贵州省		云南省	
笔数	金额	笔数	金额	笔数	金额
5.87	11 747.03	1.34	3 439.46	1.93	5 916.88
0.74	524.91	0.13	26.14	0.22	127.53
1.23	262.14	0.21	31.85	0.42	79.72
0.67	235.62	0.12	96.14	0.27	48.85
0.52	58.47	0.07	16.54	0.11	26.37
1.23	932.52	0.22	10.55	0.33	171.60
0.67	169.30	0.09	12.30	0.16	40.58
0.65	92.50	0.10	16.78	0.18	193.94
6.60	1 333.19	1.60	288.07	1.86	1 180.24
3.81	544.18	1.01	173.60	1.22	442.46
5.02	787.71	1.28	88.88	1.42	353.16
1.20	159.17	0.25	9.48	0.38	66.17
1.45	1 391.78	0.51	40.57	0.70	332.54
1.06	151.11	0.31	61.26	0.40	149.40
2.24	535.80	0.48	97.55	0.77	198.94
1.83	1 140.38	0.31	50.69	0.46	154.84
2.10	201.56	0.44	156.16	0.60	64.16
1.34	253.35	0.62	71.75	0.58	82.62
6.27	835.32	2.36	207.87	2.60	404.43
0.25	12.45	0.07	2.35	0.10	8.84
0.97	61.81	0.84	70.35	0.75	63.20
8.67	621.34	0.99	163.94	0.75	98.15
164.27	23 358.69	1.28	96.83	2.38	264.32
2.18	99.94	54.98	5 003.13	1.38	68.30
3.39	238.17	0.86	91.87	69.45	11 594.18
0.52	31.61	0.01	0.33	0.02	2.51
1.86	231.13	0.23	17.83	0.32	49.54
1.05	155.61	0.08	45.91	0.19	28.55
0.31	22.48	0.01	1.95	0.04	4.41
0.32	22.35	0.03	8.18	0.10	19.36
1.07	51.31	0.07	10.44	0.12	20.72
13.92	636.42	1.65	200.93	1.93	646.35
243.28	46 899.35	72.55	10 609.68	92.14	22 902.86

2010 年

资金流入 资金流出	西藏自治区		陕西省	
	笔数	金额	笔数	金额
北京市	0. 23	536. 39	4. 40	6 732. 00
天津市	0. 01	1. 29	0. 63	137. 88
河北省	0. 05	1. 20	1. 31	72. 51
山西省	0. 01	3. 79	2. 01	163. 85
内蒙古自治区	0. 01	0. 97	1. 59	190. 64
辽宁省	0. 03	3. 79	0. 95	206. 07
吉林省	0. 03	5. 80	0. 34	66. 38
黑龙江省	0. 02	1. 80	0. 41	31. 74
上海市	0. 11	7. 75	5. 83	1 331. 50
江苏省	0. 07	4. 50	2. 87	320. 89
浙江省	0. 13	3. 32	2. 48	318. 17
安徽省	0. 04	0. 58	0. 80	104. 48
福建省	0. 04	1. 28	0. 79	717. 02
江西省	0. 03	6. 09	0. 48	35. 43
山东省	0. 06	2. 82	2. 28	296. 93
河南省	0. 04	3. 55	2. 08	646. 41
湖北省	0. 06	1. 26	1. 31	101. 97
湖南省	0. 04	6. 47	0. 61	176. 29
广东省	0. 20	5. 93	2. 21	140. 83
海南省	0. 01	0. 86	0. 10	28. 55
广西壮族自治区	0. 02	1. 06	0. 33	17. 36
重庆市	0. 07	5. 54	0. 67	60. 09
四川省	0. 34	41. 85	1. 78	262. 06
贵州省	0. 01	0. 16	0. 30	12. 56
云南省	0. 04	0. 77	0. 43	37. 45
西藏自治区	2. 91	567. 40	0. 06	3. 60
陕西省	0. 05	4. 11	84. 26	14 265. 82
甘肃省	0. 10	5. 80	2. 78	164. 41
青海省	0. 08	6. 44	0. 49	27. 64
宁夏回族自治区	0. 01	0. 59	1. 62	87. 46
新疆维吾尔自治区	0. 03	1. 38	1. 00	74. 46
深圳市	0. 08	6. 12	3. 03	459. 74
合计	4. 96	1 240. 66	130. 23	27 292. 19

资金流量流向情况季报表

第三季度　　　　　　　　　　　　　　　　　　　　单位：万笔、亿元

甘肃省		青海省		宁夏回族自治区	
笔数	金额	笔数	金额	笔数	金额
1. 49	5 437. 02	0. 52	1 010. 01	0. 81	2 038. 02
0. 20	82. 22	0. 05	6. 06	0. 16	27. 47
0. 36	166. 41	0. 12	30. 95	0. 29	37. 70
0. 21	155. 02	0. 07	10. 21	0. 18	53. 60
0. 37	49. 62	0. 06	9. 83	1. 07	79. 69
0. 25	119. 03	0. 07	7. 22	0. 16	18. 96
0. 11	50. 52	0. 02	2. 91	0. 05	39. 54
0. 11	112. 73	0. 02	1. 88	0. 04	31. 25
1. 65	2 107. 56	0. 36	43. 04	0. 47	233. 15
0. 83	536. 56	0. 30	57. 58	0. 52	161. 50
0. 77	536. 67	0. 26	26. 44	0. 51	98. 57
0. 39	122. 46	0. 07	4. 22	0. 15	6. 11
0. 23	33. 06	0. 07	12. 82	0. 12	11. 68
0. 16	77. 87	0. 05	4. 66	0. 06	92. 82
0. 63	723. 40	0. 17	33. 90	0. 45	164. 32
0. 50	180. 65	0. 18	32. 84	0. 23	37. 54
0. 33	60. 15	0. 09	10. 26	0. 14	15. 54
0. 20	144. 42	0. 07	11. 34	0. 11	17. 65
0. 83	425. 10	0. 25	35. 71	0. 35	53. 87
0. 04	25. 49	0. 01	0. 96	0. 01	0. 74
0. 12	17. 70	0. 03	2. 25	0. 04	3. 91
0. 19	46. 35	0. 07	6. 17	0. 07	11. 68
0. 67	168. 82	0. 22	31. 39	0. 20	23. 80
0. 07	42. 64	0. 02	2. 12	0. 02	0. 74
0. 12	17. 17	0. 04	10. 63	0. 08	9. 50
0. 16	12. 91	0. 11	6. 95	0. 01	0. 50
1. 59	194. 56	0. 27	17. 93	0. 85	75. 99
38. 02	12 112. 47	0. 61	53. 02	0. 69	62. 83
1. 21	78. 32	7. 21	1 834. 44	0. 10	8. 08
1. 10	65. 57	0. 09	5. 78	29. 25	2 147. 19
0. 82	73. 73	0. 10	11. 49	0. 11	12. 60
0. 76	195. 93	0. 23	25. 58	0. 60	56. 28
54. 49	24 172. 13	11. 81	3 360. 59	37. 90	5 632. 82

2010 年

资金流入 / 资金流出	新疆维吾尔自治区	
	笔数	金额
北京市	1.56	3 633.44
天津市	0.20	25.46
河北省	0.39	30.70
山西省	0.14	42.44
内蒙古自治区	0.14	26.63
辽宁省	0.21	49.32
吉林省	0.08	81.62
黑龙江省	0.09	47.29
上海市	0.95	361.10
江苏省	0.90	621.06
浙江省	1.25	153.73
安徽省	0.24	14.21
福建省	0.31	296.91
江西省	0.16	24.17
山东省	0.81	98.81
河南省	0.51	99.09
湖北省	0.35	37.34
湖南省	0.21	51.51
广东省	0.78	60.49
海南省	0.02	5.05
广西壮族自治区	0.07	8.88
重庆市	0.20	104.71
四川省	0.59	48.52
贵州省	0.05	5.11
云南省	0.09	9.49
西藏自治区	0.02	1.24
陕西省	0.48	61.17
甘肃省	0.55	77.08
青海省	0.07	15.51
宁夏回族自治区	0.11	19.55
新疆维吾尔自治区	42.44	6 590.27
深圳市	1.38	173.31
合计	55.35	12 875.21

资金流量流向情况季报表

第三季度　　单位：万笔、亿元

深圳市		合计	
笔数	金额	笔数	金额
14.69	83 825.30	398.05	1 147 180.72
2.39	1 739.34	124.30	54 552.81
2.62	959.36	260.09	44 605.46
1.21	750.36	133.96	33 444.71
0.93	174.38	109.90	25 859.49
3.71	1 740.89	225.08	81 853.31
1.63	673.89	112.35	31 066.89
1.90	241.98	107.62	24 149.85
16.92	18 862.01	493.02	400 911.40
10.24	2 939.84	632.05	144 663.77
11.38	3 593.34	739.17	126 615.38
3.11	1 728.74	219.98	37 991.86
5.80	2 983.87	365.85	91 984.63
4.33	786.64	121.37	27 633.84
6.46	1 391.03	466.28	98 996.76
3.33	1 491.21	220.17	75 751.84
4.79	822.94	185.78	46 608.51
4.92	1 656.55	178.34	35 149.92
64.05	9 916.90	841.95	135 360.20
1.27	145.77	42.49	6 079.26
3.15	256.85	100.44	15 456.14
2.77	927.69	106.36	35 472.22
4.90	761.33	238.93	47 060.09
1.37	194.00	77.24	10 554.58
1.98	627.89	102.87	22 596.12
0.05	3.24	4.81	1 182.72
2.38	554.33	131.21	27 166.62
1.21	237.66	62.64	24 177.68
0.19	39.12	13.58	3 305.65
0.70	32.30	42.95	5 566.70
1.03	197.05	66.33	12 571.06
148.62	42 511.14	399.46	181 790.93
334.03	182 766.94	7 324.62	3 057 361.12

大额实时支付系统行别间

2010 年

资金流入 / 资金流出	政策性银行		国有商业银行	
	笔数	金额	笔数	金额
政策性银行	0. 49	14 239. 38	23. 35	20 523. 70
国有商业银行	18. 38	20 483. 67	2 079. 00	678 515. 63
股份制商业银行	3. 09	23 839. 75	902. 35	158 731. 54
城市商业银行	2. 18	16 522. 44	533. 58	86 138. 36
农村商业银行	0. 33	1 163. 07	71. 86	10 131. 75
城市信用社	0. 02	2. 59	1. 85	109. 85
农村信用社	3. 65	2 934. 68	453. 75	54 751. 69
外资银行	0. 26	6 082. 14	80. 22	20 243. 62
中国邮政储蓄银行	0. 28	1 672. 08	32. 53	6 745. 87
其他	1. 42	11 031. 03	73. 96	139 296. 21
合计	30. 10	97 970. 83	4 252. 45	1 175 188. 22

资金流量流向情况季报表

第三季度　　　　单位：万笔、亿元

股份制商业银行		城市商业银行	
笔数	金额	笔数	金额
2.64	21 724.54	2.38	15 870.81
759.31	165 051.35	358.60	90 814.06
307.76	429 346.11	112.30	75 019.25
140.04	73 181.33	56.88	60 277.52
16.04	9 492.39	6.47	4 717.26
0.19	8.41	0.14	15.42
80.67	47 102.42	49.75	20 258.95
25.68	22 398.14	8.41	4 400.46
5.55	4 855.74	3.30	2 899.76
15.01	93 026.13	13.99	36 079.46
1 352.89	866 186.56	612.22	310 352.95

2010 年

资金流入 资金流出	农村商业银行		城市信用社	
	笔数	金额	笔数	金额
政策性银行	0.27	1 064.92	0.02	6.71
国有商业银行	52.43	10 153.52	1.16	107.39
股份制商业银行	16.61	10 070.79	0.10	10.70
城市商业银行	8.69	4 757.54	0.10	7.19
农村商业银行	2.50	374.18	0.01	0.15
城市信用社	0.01	0.15		
农村信用社	8.59	2 451.32	0.13	7.30
外资银行	1.72	128.63		0.14
中国邮政储蓄银行	0.36	166.31	0.01	0.59
其他	1.15	3 614.67	0.23	76.97
合计	92.33	32 782.03	1.76	217.14

资金流量流向情况季报表

第三季度　　　　　　　　　　　　　　　　　　单位：万笔、亿元

农村信用社		外资银行	
笔数	金额	笔数	金额
6.00	3 270.91	0.22	6 140.44
436.62	48 390.25	51.63	19 901.84
97.08	52 333.76	22.22	21 774.41
74.59	20 718.27	10.42	4 559.08
13.60	2 850.17	1.39	70.95
0.25	10.37	0.01	0.35
33.83	16 255.13	4.51	775.91
5.37	678.47	9.35	38 911.88
4.54	1 131.67	0.18	258.69
13.91	19 670.01	4.83	13 140.47
685.79	165 309.01	104.76	105 534.02

2010 年

资金流入 / 资金流出	中国邮政储蓄银行	
	笔数	金额
政策性银行	0.53	1 744.89
国有商业银行	66.90	6 613.93
股份制商业银行	11.02	4 437.68
城市商业银行	6.67	3 072.27
农村商业银行	0.94	186.72
城市信用社	0.04	1.26
农村信用社	7.73	1 237.37
外资银行	0.37	276.64
中国邮政储蓄银行		
其他	3.32	3 805.38
合计	97.52	21 376.14

资金流量流向情况季报表

第三季度　　　　　　单位：万笔、亿元

其　他		合　计	
笔数	金额	笔数	金额
1. 34	9 170. 17	37. 24	93 756. 47
44. 07	96 291. 41	3 868. 10	1 136 323. 05
7. 66	51 394. 99	1 480. 19	826 958. 98
8. 08	22 663. 56	841. 23	291 897. 56
0. 45	2 585. 92	113. 59	31 572. 56
0. 10	5. 56	2. 61	153. 96
8. 55	15 279. 92	651. 16	161 054. 69
0. 55	8 691. 24	131. 93	101 811. 36
2. 80	3 414. 06	49. 55	21 144. 77
21. 20	72 947. 39	149. 02	392 687. 72
94. 80	282 444. 22	7 324. 62	3 057 361. 12

2010 年

项目 行别	发起业务			
	借记		贷记	
	笔数	金额	笔数	金额
政策性银行	2.98	124.27	9.05	7.67
国有商业银行	815.71	57 098.95	4 302.15	4 598.47
股份制商业银行	210.77	11 712.66	2 121.57	2 122.24
城市商业银行	147.23	6 318.29	503.78	449.94
农村商业银行	9.69	251.99	29.79	27.95
城市信用社	2.42	17.66	1.34	1.42
农村信用社	165.62	7 315.58	397.22	450.87
外资银行	5.23	51.81	407.90	198.76
中国邮政储蓄银行	1.73	53.22	45.93	29.05
其他	1.08	6 295.26	332.35	4 805.11
合计	1 362.46	89 239.69	8 151.08	12 691.48

业务情况季报表

第三季度　　　　　　　　　　　　　　　　　　　　　　单位：万笔、亿元

接收业务				应付总金额	应收总金额
借记		贷记			
笔数	金额	笔数	金额		
3.04	135.67	6.70	48.29	143.34	172.56
792.53	47 426.62	4 672.94	4 987.70	52 025.09	62 086.65
211.92	22 888.35	1 602.46	1 890.66	25 010.59	13 603.32
140.85	5 858.22	598.92	774.84	6 308.16	7 093.13
14.55	264.25	59.20	85.87	292.20	337.86
2.55	18.09	1.52	2.61	19.51	20.27
188.97	6 242.25	928.54	739.25	6 693.12	8 054.83
5.33	51.01	79.36	101.71	249.77	153.52
1.64	46.98	195.97	104.54	76.03	157.76
1.08	6 308.25	5.47	3 956.01	11 113.36	10 251.27
1 362.46	89 239.69	8 151.08	12 691.48	101 931.17	101 931.17

2010 年

项目 / 行别	提出票据			
	借记		贷记	
	笔数	金额	笔数	金额
政策性银行	1.95	197.99	11.49	1 245.84
国有商业银行	2 456.77	24 111.22	2 504.61	60 831.63
股份制商业银行	1 074.57	11 125.11	702.96	26 423.50
城市商业银行	612.28	6 579.74	469.11	12 528.07
农村商业银行	431.83	4 287.96	289.80	6 145.89
城市信用社	1.74	15.60	7.22	280.28
农村信用社	238.63	2 550.92	525.52	5 167.15
外资银行	9.94	180.90	30.30	781.82
中国邮政储蓄银行	33.74	445.80	20.76	1 001.81
其他	887.98	916.47	1 017.07	9 586.57
合计	5 749.43	50 411.71	5 578.84	123 992.56

情况季报表

第三季度　　单位：万笔、亿元

提入票据				应付总金额	应收总金额
借记		贷记			
笔数	金额	笔数	金额		
5.86	273.16	7.71	1 121.94	1 519.00	1 319.93
3 031.55	25 257.53	2 780.18	60 402.30	86 089.16	84 513.52
860.31	11 819.61	607.73	26 176.15	38 243.11	37 301.26
660.13	5 946.82	420.17	11 649.23	18 474.89	18 228.97
535.41	3 626.51	279.84	6 033.68	9 772.40	10 321.64
0.86	15.91	4.93	75.58	296.19	91.18
294.16	1 837.58	278.46	5 122.94	7 004.73	7 673.86
13.92	189.31	13.91	726.31	971.13	907.21
301.85	350.10	146.00	1 264.05	1 351.91	1 709.85
45.38	1 095.18	1 039.91	11 420.38	10 681.75	12 336.85
5 749.43	50 411.71	5 578.84	123 992.56	174 404.27	174 404.27

2010 年

业务量 行别	借记	
	笔数	金额
政策性银行		
国有商业银行	39 589. 28	190 154. 52
股份制商业银行	3 674. 95	95 909. 00
城市商业银行	5 526. 63	67 216. 78
农村商业银行	6 766. 24	16 285. 09
城市信用社	0. 02	0. 16
农村信用社	2 004. 31	11 432. 43
外资银行	0. 08	0. 82
中国邮政储蓄银行	0. 35	5. 24
合计	57 561. 86	381 004. 04

支付业务情况季报表

第三季度　　　　　　　　　　　　　　　　　　　　单位：万笔、亿元

贷记		小计	
笔数	金额	笔数	金额
23.37	1 962.17	23.37	1 962.17
69 113.50	522 533.46	108 702.78	712 687.98
5 151.94	152 315.58	8 826.89	248 224.58
4 103.90	93 609.66	9 630.53	160 826.44
6 747.39	19 650.40	13 513.63	35 935.49
19.08	126.92	19.10	127.08
2 141.36	24 217.02	4 145.67	35 649.45
6.41	10 433.37	6.49	10 434.19
9 619.80	8 448.72	9 620.15	8 453.96
96 926.75	833 297.30	154 488.61	1 214 301.34

2010 年

项目 行别	存现			
	发卡		受理	
	笔数	金额	笔数	金额
政策性银行				
国有商业银行				
股份制商业银行	116.16	115.33	59.57	80.28
城市商业银行	75.82	293.43	110.66	297.20
农村商业银行	1.87	9.11	22.80	39.63
城市信用社	0.04	0.07	0.85	0.83
农村信用社				
外资银行				
中国邮政储蓄银行				
其他		0.01		
合计	193.89	417.95	193.88	417.94

交易情况季报表

第三季度　　　　单位：万笔、亿元

取现							
ATM				柜面			
发卡		受理		发卡		受理	
笔数	金额	笔数	金额	笔数	金额	笔数	金额
23 705.42	2 071.01	23 414.62	2 218.80	187.17	23.32		
10 411.75	983.73	8 146.57	720.19	36.22	60.70	17.36	53.10
3 592.12	369.91	2 583.77	204.91	61.79	249.34	55.92	235.45
1 116.61	87.76	3 490.98	271.81	12.44	9.09	15.05	26.84
21.88	2.11	8.25	0.55	0.05	0.25	0.15	0.61
3 230.69	314.03	3 795.85	303.87	21.35	3.23	246.69	31.32
74.86	10.26	116.98	12.67				
4 971.82	299.18	5 205.90	367.23	42.69	4.46	26.53	3.09
84.13	15.12	446.35	53.07			0.02	
47 209.28	4 153.11	47 209.27	4 153.10	361.71	350.39	361.72	350.41

2010 年

项目 行别	POS 消费			
	发卡		收单	
	笔数	金额	笔数	金额
政策性银行				
国有商业银行	49 165.09	13 844.48	41 691.87	10 460.43
股份制商业银行	32 713.24	4 889.42	16 400.00	4 587.44
城市商业银行	5 545.51	995.57	4 596.16	913.46
农村商业银行	1 340.65	302.13	1 682.22	279.14
城市信用社	7.76	3.42	11.18	6.00
农村信用社	2 456.05	1 844.91	1 655.56	962.14
外资银行	52.17	13.16	58.01	24.49
中国邮政储蓄银行	4 511.66	1 028.09	580.79	158.31
其他	637.12	12.92	29 753.45	5 542.71
合计	96 429.25	22 934.10	96 429.24	22 934.12

交易情况季报表

第三季度　　　　单位：万笔、亿元

转账							
ATM				柜面			
发卡		受理		发卡		受理	
笔数	金额	笔数	金额	笔数	金额	笔数	金额
70.87	47.22	68.03	43.54				
61.34	28.81	56.81	28.03	0.07	0.97	0.02	0.13
23.81	25.80	22.98	26.94	11.15	126.49	11.25	128.04
19.53	10.11	25.93	9.02	0.07	0.88	0.01	0.04
0.08	0.04	0.07	0.05	0.01	0.04	0.02	0.17
53.88	26.83	53.78	21.86				
0.09	0.06	0.08	0.04				
29.68	5.36	26.22	7.49				
2.12	1.62	7.49	8.87				
261.40	145.85	261.39	145.84	11.30	128.38	11.30	128.38

三、银行结算账户类报表

银行结算账户数量

2010 年

账户性质 / 行别	本地存款人					异地存							
	基本存款账户	一般存款账户	专用存款账户	临时存款账户	小计	基本存款账户				一般存款账户			
						同一地市	同一省市	不同省市	小计	同一地市	同一省市	不同省市	小计
政策性银行	46 419	26 853	63 355	417	137 044	1 811	87	5	1 903	4 333	10 393	1 228	15 954
国有商业银行	7 624 235	2 945 268	1 447 843	59 058	12 076 404	78 576	10 629	4 432	93 637	144 318	84 543	83 556	312 417
股份制银行	1 474 589	1 295 934	131 823	7 338	2 909 684	14 590	2 674	1 414	18 678	80 897	95 441	63 521	239 859
城市商业银行	1 644 229	1 110 514	163 815	11 551	2 930 109	21 986	2 438	1 560	25 984	55 187	35 298	25 969	116 454
农村商业银行	589 311	175 296	56 099	818	821 524	2 781	1 043	450	4 274	5 441	3 815	3 913	13 169
城市信用社	69 231	29 479	5 633	979	105 322	2 035	88	36	2 159	5 739	1 247	748	7 734
农村信用社	2 490 240	712 002	333 372	20 919	3 556 533	20 895	2 337	1 089	24 321	51 695	18 968	13 980	84 643
外资银行	15 623	55 417	1 115	46	72 201	136	29	33	198	2 139	4 527	15 949	22 615
中国邮政储蓄银行	136 628	111 427	22 953	1 609	272 617	1 289	109	45	1 443	3 558	1 536	900	5 994
其他	3 875	13 803	798	74	18 550	75	2		77	1 010	301	106	1 417
合计	14 094 380	6 475 993	2 226 806	102 809	22 899 988	144 174	19 436	9 064	172 674	354 317	256 069	209 870	820 256

注：本报表中空格部分表示该项户数小于 50 户。

季报表（按行别）

第三季度　　　　　　　　　　　　　　　　　　　　　　　　单位：户

款人										
专用存款账户				临时存款账户				小计	个人银行账户	合计
同一地市	同一省市	不同省市	小计	同一地市	同一省市	不同省市	小计			
3 626	794	131	4 551	144	385	262	791	23 199	67	160 310
29 532	19 472	18 474	67 478	13 002	42 816	50 766	106 584	580 116	2 053 627 972	2 066 284 492
2 310	2 586	5 075	9 971	240	1 518	3 513	5 271	273 779	294 632 082	297 815 545
2 932	1 631	1 432	5 995	676	3 335	4 302	8 313	156 746	127 381 576	130 468 431
331	558	116	1 005	153	424	307	884	19 332	47 418 758	48 259 614
272	121	53	446	88	393	211	692	11 031	2 582 903	2 699 256
6 249	2 575	768	9 592	3 603	6 834	4 574	15 011	133 567	244 004 120	247 694 220
17	143	285	445		1	15	16	23 274	1 029 615	1 125 090
796	337	374	1 507	335	709	438	1 482	10 426	437 645 466	437 928 509
57	12	7	76	22	54	14	90	1 660	75 582	95 792
46 122	28 229	26 715	101 066	18 263	56 469	64 402	139 134	1 233 130	3 208 398 141	3 232 531 259

2010 年

注册资金规模 / 账户性质 / 行别	100 万元以下				100 万～1 000 万元			
	基本存款账户	一般存款账户	专用存款账户	临时存款账户	基本存款账户	一般存款账户	专用存款账户	临时存款账户
政策性银行	24 638	11 449	31 013	448	17 178	8 997	21 229	127
国有商业银行	6 365 286	1 677 211	993 119	65 357	1 018 464	932 684	245 167	23 639
股份制商业银行	1 191 896	613 560	74 161	7 594	228 481	445 361	23 773	929
城市商业银行	1 424 482	682 214	107 027	12 213	200 643	333 288	30 482	1 813
农村商业银行	526 737	110 467	43 272	855	55 385	49 790	9 269	208
城市信用社	61 585	18 920	3 994	1 046	7 990	11 200	983	201
农村信用社	2 208 877	426 807	275 724	21 684	256 182	234 680	38 551	4 061
外资银行	10 976	18 181	267	44	3 151	22 046	337	2
中国邮政储蓄银行	129 714	76 162	19 333	1 693	7 588	26 460	2 518	388
其他	3 047	6 288	537	75	684	5 249	95	20
合计	11 947 238	3 641 259	1 548 447	111 009	1 795 746	2 069 755	372 404	31 388

（按注册资金规模）

第三季度　　　　单位：户

1 000 万～1 亿元				1 亿元以上				小计				合计
基本存款账户	一般存款账户	专用存款账户	临时存款账户	基本存款账户	一般存款账户	专用存款账户	临时存款账户	基本存款账户	一般存款账户	专用存款账户	临时存款账户	
5 584	12 319	12 178	452	922	10 042	3 486	181	48 322	42 807	67 906	1 208	160 243
274 233	505 152	182 501	51 428	59 889	142 638	94 534	25 218	7 717 872	3 257 685	1 515 321	165 642	12 656 520
61 805	341 679	21 763	2 180	11 085	135 193	22 097	1 906	1 493 267	1 535 793	141 794	12 609	3 183 463
40 223	165 876	19 369	4 214	4 865	45 590	12 932	1 624	1 670 213	1 226 968	169 810	19 864	3 086 855
10 618	23 026	3 558	512	845	5 182	1 005	127	593 585	188 465	57 104	1 702	840 856
1 651	5 987	861	337	164	1 106	241	87	71 390	37 213	6 079	1 671	116 353
45 179	113 159	23 827	8 645	4 323	21 999	4 862	1 540	2 514 561	796 645	342 964	35 930	3 690 100
1 237	23 046	545	5	457	14 759	411	11	15 821	78 032	1 560	62	95 475
694	11 898	1 920	830	75	2 901	689	180	138 071	117 421	24 460	3 091	283 043
194	3 101	127	52	27	582	115	17	3 952	15 220	874	164	20 210
441 418	1 205 243	266 649	68 655	82 652	379 992	140 372	30 891	14 267 054	7 296 249	2 327 872	241 943	24 133 118

2010 年

行业分类 / 账户性质 / 行别	农、林、牧、渔业				采掘业			
	基本存款账户	一般存款账户	专用存款账户	临时存款账户	基本存款账户	一般存款账户	专用存款账户	临时存款账户
政策性银行	24 660	4 879	23 987	105	63	342	77	1
国有商业银行	318 878	92 716	55 458	3 892	77 899	31 951	19 439	1 530
股份制商业银行	19 340	26 191	2 044	188	2 523	9 936	462	35
城市商业银行	35 707	29 163	3 522	497	5 488	8 246	1 368	87
农村商业银行	32 586	4 708	2 080	59	2 118	649	167	8
城市信用社	2 774	1 341	263	52	1 012	1 001	109	15
农村信用社	229 611	31 629	19 919	1 595	30 247	11 077	4 919	310
外资银行	104	757	5		16	230	2	
中国邮政储蓄银行	7 803	5 801	1 247	107	582	1 170	139	24
其他	660	1 151	39	5	49	178	2	
合计	672 123	198 336	108 564	6 500	119 997	64 780	26 684	2 010

季报表（按行业归属）

第三季度　　　　　　　　　　　　　　　　　　单位：户

制造业				电力、燃气及水的生产和供应业				建筑业			
基本存款账户	一般存款账户	专用存款账户	临时存款账户	基本存款账户	一般存款账户	专用存款账户	临时存款账户	基本存款账户	一般存款账户	专用存款账户	临时存款账户
2 702	7 011	5 380	15	455	1 689	595	16	276	3 722	966	621
1 206 976	806 673	184 412	4 666	76 611	44 122	41 058	2 686	270 107	183 779	71 210	84 412
119 838	322 427	19 431	444	6 556	19 216	1 857	94	50 916	81 797	8 162	4 675
151 082	222 022	16 454	844	7 712	11 809	1 835	148	62 754	75 451	11 920	6 776
141 096	63 257	17 453	32	3 007	1 813	506	19	16 316	10 458	1 269	737
7 011	8 233	402	77	581	684	103	18	2 731	2 516	540	493
569 226	235 028	24 995	1 239	32 037	14 415	9 615	463	75 279	49 284	9 342	12 722
1 462	30 627	732		39	452	8		374	1 540	23	18
6 535	22 350	428	110	737	2 487	486	49	4 039	6 627	1 129	1 228
521	6 069	52	5	49	179	4	4	169	759	29	68
2 206 449	1 723 697	269 739	7 432	127 784	96 866	56 067	3 497	482 961	415 933	104 590	111 750

银行结算账户数量

2010 年

行业分类 / 账户性质 / 行别	交通运输、仓储和邮政业				信息传输、计算机服务和软件业			
	基本存款账户	一般存款账户	专用存款账户	临时存款账户	基本存款账户	一般存款账户	专用存款账户	临时存款账户
政策性银行	3 508	1 312	4 336	58	46	427	47	
国有商业银行	186 084	80 962	57 143	5 498	243 307	94 838	38 223	813
股份制商业银行	28 433	36 771	3 456	279	102 248	68 237	4 141	114
城市商业银行	29 359	26 021	4 235	433	72 689	53 039	5 445	125
农村商业银行	11 516	3 569	718	39	13 237	4 440	560	4
城市信用社	1 241	748	176	28	1 589	595	40	6
农村信用社	45 489	16 671	6 476	1 884	29 427	13 766	2 453	117
外资银行	309	2 018	29		1 271	3 080	20	1
中国邮政储蓄银行	3 264	3 633	1 718	156	5 712	4 791	470	12
其他	81	236	10	4	74	111	1	1
合计	309 284	171 941	78 297	8 379	469 600	243 324	51 400	1 193

季报表（按行业归属）

第三季度　　　　　　　　　　　　　　　　　　　　　　　　单位：户

批发和零售业				住宿和餐饮业				金融业			
基本存款账户	一般存款账户	专用存款账户	临时存款账户	基本存款账户	一般存款账户	专用存款账户	临时存款账户	基本存款账户	一般存款账户	专用存款账户	临时存款账户
8 040	3 731	8 904	16	91	187	85		1 805	1 114	4 150	1
2 404 889	891 539	188 699	7 685	167 371	48 595	13 153	465	43 182	29 925	73 025	428
542 902	452 060	21 348	1 384	33 684	20 331	1 263	111	7 673	14 790	14 992	86
657 579	394 048	28 280	2 759	35 452	17 202	2 390	131	7 790	6 059	4 312	47
174 637	49 882	9 992	49	12 946	2 188	280	3	804	892	704	4
25 625	10 797	308	106	1 833	529	26	4	328	189	262	12
566 713	200 565	12 040	3 752	40 748	10 228	945	198	10 454	4 227	9 454	104
5 024	19 504	207	10	339	1 042	6		251	1 013	237	4
65 025	28 877	554	150	2 947	1 858	65	10	1 694	1 284	1 539	5
1 087	2 638	24	2	91	142	4		97	209	102	
4 451 521	2 053 641	270 356	15 913	295 502	102 302	18 217	922	74 078	59 702	108 777	691

2010 年

行业分类 / 账户性质 / 行别	房地产业				租赁和商务服务业			
	基本存款账户	一般存款账户	专用存款账户	临时存款账户	基本存款账户	一般存款账户	专用存款账户	临时存款账户
政策性银行	150	1 776	441	17	271	1 302	453	5
国有商业银行	147 939	191 642	69 975	4 080	255 581	94 457	33 097	1 644
股份制商业银行	31 957	85 878	7 161	152	82 442	55 513	4 271	262
城市商业银行	25 944	50 417	7 026	288	69 092	44 718	4 952	204
农村商业银行	5 639	7 537	1 527	84	15 007	4 578	774	15
城市信用社	1 321	2 022	318	40	1 703	664	42	9
农村信用社	26 112	37 344	7 319	800	46 000	18 292	2 035	270
外资银行	257	3 324	42		2 469	3 698	73	3
中国邮政储蓄银行	1 361	4 154	486	65	6 401	3 382	278	36
其他	69	600	33	9	140	341	7	3
合计	240 749	384 694	94 328	5 535	479 106	226 945	45 982	2 451

季报表（按行业归属）

第三季度　　　　　　　　　　　　　　　　　　　　　　　　　　　　单位：户

科学研究、技术服务和地质勘查业				水利、环境和公共设施管理业				居民服务和其他服务业			
基本存款账户	一般存款账户	专用存款账户	临时存款账户	基本存款账户	一般存款账户	专用存款账户	临时存款账户	基本存款账户	一般存款账户	专用存款账户	临时存款账户
77	289	73	17	531	1 767	1 164	133	477	1 603	882	21
105 139	31 304	21 499	2 224	60 678	21 496	28 721	8 105	673 631	171 113	58 150	5 443
30 009	19 685	2 369	112	8 043	10 708	2 444	458	154 331	80 527	7 524	868
20 723	15 381	2 615	167	8 952	8 497	2 811	819	176 161	78 134	11 274	1 248
8 233	1 888	208	13	2 470	1 086	370	117	48 555	8 120	2 719	86
627	290	45	11	531	309	163	91	7 699	2 009	233	92
11 652	4 902	710	234	18 049	6 050	4 555	1 970	217 905	39 335	15 339	1 695
419	934	12		52	163	4	1	1 131	2 434	34	4
1 815	914	63	29	779	1 079	409	370	19 840	9 652	1 566	175
40	68	3		36	163	29	23	298	644	30	6
178 734	75 655	27 597	2 807	100 121	51 318	40 670	12 087	1 300 028	393 571	97 751	9 638

2010 年

行别 \ 行业分类 / 账户性质	教育				卫生、社会保障和社会福利业			
	基本存款账户	一般存款账户	专用存款账户	临时存款账户	基本存款账户	一般存款账户	专用存款账户	临时存款账户
政策性银行	37	698	100	8	74	544	327	1
国有商业银行	101 490	17 471	46 101	644	110 029	25 984	73 961	1 218
股份制商业银行	11 441	7 465	2 969	44	10 024	8 327	3 678	103
城市商业银行	16 066	6 774	4 921	113	15 884	8 318	6 124	166
农村商业银行	6 820	793	1 514	8	5 598	1 073	1 390	22
城市信用社	958	235	140	6	1 000	444	426	20
农村信用社	61 262	4 514	13 295	196	56 917	6 352	19 916	321
外资银行	52	154	6		42	112	2	3
中国邮政储蓄银行	1 594	1 126	508	14	1 612	2 169	2 645	51
其他	27	61	12		24	102	34	2
合计	199 747	39 291	69 566	1 033	201 204	53 425	108 503	1 907

季报表（按行业归属）

第三季度 单位：户

文化、教育和娱乐业				公共管理与社会组织				其他行业			
基本存款账户	一般存款账户	专用存款账户	临时存款账户	基本存款账户	一般存款账户	专用存款账户	临时存款账户	基本存款账户	一般存款账户	专用存款账户	临时存款账户
59	258	68	1	743	2 905	6 839	60	4 257	7 251	9 032	112
127 059	28 075	23 798	1 337	275 660	34 114	220 735	10 136	865 362	336 929	197 464	18 736
39 106	16 776	2 151	367	23 456	11 804	13 329	925	188 345	187 354	18 742	1 908
27 051	13 757	2 685	348	31 944	11 291	17 839	1 604	212 784	146 621	29 802	3 060
10 448	1 648	354	10	16 145	2 222	7 926	171	66 407	17 664	6 593	222
935	212	81	31	2 694	721	1 453	201	9 197	3 674	949	359
21 675	4 597	3 233	215	163 218	12 960	114 225	3 221	262 540	75 409	62 179	4 624
380	462	3	1	96	123	25	8	1 734	6 365	90	9
2 203	1 346	244	33	3 409	3 497	6 762	346	719	11 224	3 724	121
45	65	5	1	100	254	265	16	295	1 250	189	15
228 961	67 196	32 622	2 344	517 465	79 891	389 398	16 688	1 611 640	793 741	328 764	29 166

2010 年

行业分类 / 账户性质 / 行别	小	
	基本存款账户	一般存款账户
政策性银行	48 322	42 807
国有商业银行	7 717 872	3 257 685
股份制商业银行	1 493 267	1 535 793
城市商业银行	1 670 213	1 226 968
农村商业银行	593 585	188 465
城市信用社	71 390	37 213
农村信用社	2 514 561	796 645
外资银行	15 821	78 032
中国邮政储蓄银行	138 071	117 421
其他	3 952	15 220
合计	14 267 054	7 296 249

季报表（按行业归属）

第三季度　　　　单位：户

计		合计
专用存款账户	临时存款账户	
67 906	1 208	160 243
1 515 321	165 642	12 656 520
141 794	12 609	3 183 463
169 810	19 864	3 086 855
57 104	1 702	840 856
6 079	1 671	116 353
342 964	35 930	3 690 100
1 560	62	95 475
24 460	3 091	283 043
874	164	20 210
2 327 872	241 943	24 133 118

2010 年

存款人类别 / 账户性质 / 行别	企业法人				非法人企业				机关、事业单位			
	基本存款账户	一般存款账户	专用存款账户	临时存款账户	基本存款账户	一般存款账户	专用存款账户	临时存款账户	基本存款账户	一般存款账户	专用存款账户	临时存款账户
政策性银行	42 730	34 841	51 602	728	2 309	1 118	3 032	47	2 171	6 055	12 848	13
国有商业银行	4 615 258	2 799 996	793 322	100 008	678 613	217 204	135 744	5 321	456 118	79 335	541 026	641
股份制商业银行	1 059 281	1 391 302	96 076	5 063	112 191	62 631	9 110	167	21 161	25 647	33 088	18
城市商业银行	1 057 157	1 092 287	110 215	7 787	123 012	60 041	8 595	432	41 313	27 440	44 912	25
农村商业银行	303 385	157 893	32 169	842	65 068	16 033	5 175	41	14 784	3 747	12 873	5
城市信用社	36 984	31 801	2 598	646	4 205	1 768	194	34	4 025	1 685	3 078	4
农村信用社	1 101 166	664 895	94 641	14 052	240 386	55 548	13 754	780	198 776	25 989	205 528	89
外资银行	12 002	74 255	1 298	16	1 156	2 532	111		4	119	39	
中国邮政储蓄银行	69 389	86 003	6 732	1 399	7 855	9 755	2 954	71	2 879	6 574	13 735	7
其他	2 546	12 936	381	88	295	984	24	5	89	406	430	
合计	8 299 898	6 346 209	1 189 034	130 629	1 235 090	427 614	178 693	6 898	741 320	176 997	867 557	802

注：本报表中空格部分表示该账户数小于 50 户。

（按存款人类别）

第三季度　　　　　　　　　　　　　　　　　　　　　　　　单位：户

社会团体				民办非企业组织				异地常设机构			
基本存款账户	一般存款账户	专用存款账户	临时存款账户	基本存款账户	一般存款账户	专用存款账户	临时存款账户	基本存款账户	一般存款账户	专用存款账户	临时存款账户
159	49	14		65	60	11		1	2	3	
159 564	6 082	6 406	8	64 807	9 876	4 082	8	7 316	689	569	10
23 564	3 583	785		11 960	4 837	496	1	2 636	462	34	
28 555	2 556	1 034		17 486	4 544	1 208		1 656	370	48	
12 192	673	1 604		3 872	466	100		36	5		
1 601	61	37		871	91	7		10	1		
43 254	1 269	1 622	4	23 260	2 255	678	3	316	69	29	
61	50	7		17	64			25	16		
2 153	487	153	1	1 556	803	106		2	11		
76	48			47	41	1					
271 179	14 858	11 662	13	123 941	23 037	6 689	12	11 998	1 625	683	10

银行结算账户数量季报表

2010 年

存款人类别 / 账户性质 / 行别	外国驻华机构				个体工商户				居民委员会、村民委员会、社区委员会			
	基本存款账户	一般存款账户	专用存款账户	临时存款账户	基本存款账户	一般存款账户	专用存款账户	临时存款账户	基本存款账户	一般存款账户	专用存款账户	临时存款账户
政策性银行	2	5			620	457	226	1	7	25	3	
国有商业银行	11 593	885	512	8	1 550 589	122 836	11 949	499	28 158	6 845	4 738	
股份制商业银行	4 456	807	56		239 389	39 517	884	20	1 172	1 730	333	
城市商业银行	1 293	256	59		363 274	31 510	1 876	68	4 084	2 831	775	
农村商业银行	42	11			167 927	8 351	1 843	1	15 366	673	2 609	
城市信用社	1	2			22 213	1 546	24	8	498	122	91	
农村信用社	102	46		1	610 870	37 862	3 408	125	196 127	4 665	17 787	
外资银行	640	272	23		883	382			2	5		
中国邮政储蓄银行	8	2			50 012	11 348	98	7	2 038	1 294	453	
其他					754	569	6		53	119	25	
合计	18 137	2 286	650	9	3 006 531	254 378	20 314	729	247 505	18 309	26 814	

（按存款人类别）

第三季度　　　　　　　　　　　　　　　　　　　　　　单位：户

单位设立的独立核算的附属机构				其他组织				小　计				合计
基本存款账户	一般存款账户	专用存款账户	临时存款账户	基本存款账户	一般存款账户	专用存款账户	临时存款账户	基本存款账户	一般存款账户	专用存款账户	临时存款账户	
36	20	13		219	150	123	417	48 322	42 807	67 906	1 208	160 243
28 427	1 343	2 944	52	92 148	11 741	11 053	58 950	7 717 872	3 257 685	1 515 321	165 642	12 656 520
2 643	412	166	1	14 636	4 659	711	7 336	1 493 267	1 535 793	141 794	12 609	3 183 463
4 220	435	139	1	28 074	4 525	905	11 546	1 670 213	1 226 968	169 810	19 864	3 086 855
1 487	62	32		9 411	550	651	813	593 585	188 465	57 104	1 702	840 856
286	17	10		692	116	38	979	71 390	37 213	6 079	1 671	116 353
17 381	475	843	1	82 569	3 501	4 591	20 873	2 514 561	796 645	342 964	35 930	3 690 100
5	3			1 026	334	82	46	15 821	78 032	1 560	62	95 475
111	165	54		2 060	956	139	1 606	138 071	117 421	24 460	3 091	283 043
8	5			84	112	7	71	3 952	15 220	874	164	20 210
54 604	2 937	4 201	55	230 919	26 644	18 300	102 637	14 267 054	7 296 249	2 327 872	241 943	24 133 118

第三部分

支付业务地域及行别分布状况

表格 1　票据业务量分地区（按业务笔数）

单位：万笔

省份	业务量	省份	业务量
北京	1 129. 84	湖北	702. 26
天津	488. 24	湖南	454. 49
河北	523. 51	广东	1 926. 77
山西	2 088. 86	海南	83. 85
内蒙古	527. 22	广西	311. 18
辽宁	854. 48	重庆	626. 62
吉林	233. 73	四川	935. 93
黑龙江	397. 68	贵州	306. 74
上海	1 514. 52	云南	419. 64
江苏	1 939. 3	西藏	24. 64
浙江	1 733. 34	陕西	457. 41
安徽	815. 38	甘肃	413. 03
福建	561. 26	青海	62. 93
江西	350. 73	宁夏	100. 23
山东	1 293. 11	新疆	553. 77
河南	726. 64	深圳	460. 78

表格 2　票据业务量分地区（按业务金额）

单位：亿元

省份	业务量	省份	业务量
北京	185 567. 40	湖北	15 356. 15
天津	12 858. 68	湖南	8 654. 11
河北	13 190. 44	广东	44 431. 38
山西	11 953. 49	海南	2 162. 74
内蒙古	8 218. 73	广西	12 608. 73
辽宁	16 669. 10	重庆	13 302. 58
吉林	6 386. 06	四川	17 300. 80
黑龙江	6 160. 30	贵州	5 843. 57
上海	39 296. 48	云南	8 004. 76
江苏	62 054. 55	西藏	343. 48
浙江	75 754. 44	陕西	11 246. 86
安徽	20 872. 46	甘肃	2 698. 06
福建	18 523. 22	青海	3 408. 29
江西	7 818. 22	宁夏	1 653. 10
山东	45 194. 51	新疆	7 917. 13
河南	16 736. 36	深圳	14 707. 61

表格 3　票据业务量分行别（按业务笔数）①

行别	排名	行别	排名
中国工商银行	1	东亚银行	28
中国农业银行	2	渣打银行	29
城市商业银行	3	三菱东京日联银行	30
中国建设银行	4	花旗银行	31
农村信用社	5	国家开发银行	32
中国银行	6	厦门国际银行	33
农村商业银行	7	企业银行	34
农村合作银行	8	瑞穗实业银行	35
交通银行	9	友利银行	36
广东发展银行	10	韩亚银行	37
招商银行	11	南洋商业银行	38
上海浦东发展银行	12	新韩银行	39
中信银行	13	恒生银行	40
华夏银行	14	荷兰银行	41
兴业银行	15	星展银行	42
中国光大银行	16	华一银行	43
中国民生银行	17	华侨银行	44
中国邮政储蓄银行	18	大华银行	45
深圳发展银行	19	德意志银行	46
中国农业发展银行	20	中国进出口银行	47
恒丰银行	21	永亨银行	48
城市信用社	22	法国兴业银行	49
三井住友银行	23	法国巴黎银行	50
浙商银行	24	大新银行	51
渤海银行	25	摩根大通银行	52
外国银行分行	26	联合银行	53
汇丰银行	27	华商银行	54

① 统计期间未发生业务的银行不参与排名，下同。

表格 4 票据业务量分行别（按业务金额）

行别	排名	行别	排名
中国工商银行	1	厦门国际银行	28
城市商业银行	2	汇丰银行	29
中国建设银行	3	城市信用社	30
中国农业银行	4	外国银行分行	31
中国银行	5	中国进出口银行	32
农村商业银行	6	南洋商业银行	33
农村信用社	7	花旗银行	34
交通银行	8	恒生银行	35
中信银行	9	三菱东京日联银行	36
农村合作银行	10	华侨银行	37
上海浦东发展银行	11	韩亚银行	38
招商银行	12	荷兰银行	39
兴业银行	13	华商银行	40
中国光大银行	14	星展银行	41
中国民生银行	15	瑞穗实业银行	42
华夏银行	16	企业银行	43
广东发展银行	17	法国兴业银行	44
深圳发展银行	18	德意志银行	45
中国农业发展银行	19	友利银行	46
中国邮政储蓄银行	20	永亨银行	47
恒丰银行	21	大华银行	48
国家开发银行	22	法国巴黎银行	49
渤海银行	23	新韩银行	50
浙商银行	24	华一银行	51
渣打银行	25	联合银行	52
东亚银行	26	大新银行	53
三井住友银行	27	摩根大通银行	54

表格 5　支票业务量分地区（按业务笔数）

单位：万笔

省份	业务量	省份	业务量
北京	1 125. 57	湖北	692. 53
天津	484. 60	湖南	449. 32
河北	513. 29	广东	1 914. 46
山西	2 062. 69	海南	83. 60
内蒙古	524. 77	广西	309. 27
辽宁	845. 44	重庆	619. 71
吉林	232. 52	四川	929. 63
黑龙江	395. 32	贵州	299. 70
上海	1 480. 31	云南	418. 01
江苏	1 771. 01	西藏	24. 64
浙江	1 554. 11	陕西	454. 15
安徽	775. 20	甘肃	412. 02
福建	553. 41	青海	62. 87
江西	346. 75	宁夏	99. 07
山东	1 257. 14	新疆	552. 41
河南	704. 29	深圳	455. 64

表格 6　支票业务量分地区（按业务金额）

单位：亿元

省份	业务量	省份	业务量
北京	183 813. 70	湖北	14 338. 68
天津	11 836. 09	湖南	8 190. 52
河北	12 255. 52	广东	42 258. 33
山西	10 408. 93	海南	2 107. 63
内蒙古	7 798. 94	广西	12 396. 11
辽宁	15 217. 95	重庆	12 592. 87
吉林	6 251. 24	四川	16 362. 19
黑龙江	5 934. 55	贵州	5 702. 16
上海	35 695. 22	云南	7 659. 75
江苏	48 285. 50	西藏	342. 74
浙江	54 576. 88	陕西	10 915. 46
安徽	18 989. 48	甘肃	2 585. 26
福建	17 389. 18	青海	3 399. 74
江西	7 354. 87	宁夏	1 553. 09
山东	42 013. 42	新疆	7 769. 05
河南	15 231. 92	深圳	13 910. 81

表格7　支票业务量分行别（按业务笔数）

行别	排名	行别	排名
中国工商银行	1	东亚银行	28
中国农业银行	2	三菱东京日联银行	29
城市商业银行	3	渣打银行	30
中国建设银行	4	国家开发银行	31
农村信用社	5	厦门国际银行	32
中国银行	6	企业银行	33
农村商业银行	7	花旗银行	34
农村合作银行	8	瑞穗实业银行	35
交通银行	9	友利银行	36
广东发展银行	10	韩亚银行	37
招商银行	11	南洋商业银行	38
上海浦东发展银行	12	新韩银行	39
中信银行	13	恒生银行	40
华夏银行	14	荷兰银行	41
兴业银行	15	星展银行	42
中国光大银行	16	华侨银行	43
中国民生银行	17	华一银行	44
中国邮政储蓄银行	18	大华银行	45
深圳发展银行	19	德意志银行	46
中国农业发展银行	20	中国进出口银行	47
恒丰银行	21	永亨银行	48
城市信用社	22	法国兴业银行	49
三井住友银行	23	法国巴黎银行	50
外国银行分行	24	大新银行	51
汇丰银行	25	摩根大通银行	52
渤海银行	26	华商银行	53
浙商银行	27	联合银行	54

表格 8　支票业务量分行别（按业务金额）

行别	排名	行别	排名
中国工商银行	1	城市信用社	28
中国建设银行	2	汇丰银行	29
城市商业银行	3	厦门国际银行	30
中国农业银行	4	外国银行分行	31
中国银行	5	中国进出口银行	32
农村商业银行	6	南洋商业银行	33
农村信用社	7	恒生银行	34
交通银行	8	花旗银行	35
农村合作银行	9	华侨银行	36
中信银行	10	三菱东京日联银行	37
上海浦东发展银行	11	韩亚银行	38
兴业银行	12	荷兰银行	39
招商银行	13	华商银行	40
中国光大银行	14	企业银行	41
中国民生银行	15	法国兴业银行	42
华夏银行	16	友利银行	43
广东发展银行	17	瑞穗实业银行	44
深圳发展银行	18	永亨银行	45
中国农业发展银行	19	星展银行	46
中国邮政储蓄银行	20	法国巴黎银行	47
国家开发银行	21	大华银行	48
恒丰银行	22	新韩银行	49
渤海银行	23	德意志银行	50
浙商银行	24	华一银行	51
渣打银行	25	大新银行	52
东亚银行	26	联合银行	53
三井住友银行	27	摩根大通银行	54

表格 9　各地区支票出票人违规情况列表（按业务笔数）

单位：笔

省份	支票违规笔数	省份	支票违规笔数
北京	0	湖北	288
天津	211	湖南	0
河北	26	广东	21 275
山西	10	海南	0
内蒙古	1	广西	0
辽宁	3 439	重庆	23
吉林	1	四川	48
黑龙江	0	贵州	2
上海	10 431	云南	284
江苏	243	西藏	0
浙江	4 786	陕西	52
安徽	0	甘肃	1
福建	0	青海	0
江西	0	宁夏	0
山东	439	新疆	404
河南	39	深圳	8 568

表格 10　各地区支票出票人违规情况列表（按业务金额）

单位：万元

省份	支票违规金额	省份	支票违规金额
北京	0	湖北	1 623. 04
天津	866	湖南	0
河北	137. 59	广东	160 644. 38
山西	17. 08	海南	0
内蒙古	0. 1	广西	0
辽宁	52 715. 83	重庆	83. 3
吉林	5. 79	四川	331. 99
黑龙江	0	贵州	9. 39
上海	80 979. 35	云南	1 606. 88
江苏	2 627. 47	西藏	0
浙江	374 531. 81	陕西	442. 17
安徽	0	甘肃	4. 5
福建	0	青海	0
江西	0	宁夏	0
山东	4 567. 67	新疆	449. 35
河南	487. 12	深圳	29 543. 43

表格 11　支票出票人违规情况分开户银行行别列表（按业务笔数）

行别	排名	行别	排名
中国工商银行	1	东亚银行	21
中国农业银行	2	城市信用社	22
农村商业银行	3	浙商银行	23
城市商业银行	4	企业银行	24
中国建设银行	5	汇丰银行	25
中国银行	6	渤海银行	26
农村信用社	7	恒丰银行	27
农村合作银行	8	荷兰银行	28
深圳发展银行	9	永亨银行	29
交通银行	10	韩亚银行	30
广东发展银行	11	华一银行	31
上海浦东发展银行	12	厦门国际银行	32
招商银行	13	中国农业发展银行	33
兴业银行	14	新韩银行	34
中信银行	15	外国银行分行	35
中国邮政储蓄银行	16	三菱东京日联银行	36
中国民生银行	17	花旗银行	37
中国光大银行	18	南洋商业银行	38
华夏银行	19	恒生银行	39
渣打银行	20		

表格 12　支票出票人违规情况分开户银行行别列表（按业务金额）

行别	排名	行别	排名
中国工商银行	1	城市信用社	21
中国农业银行	2	渣打银行	22
城市商业银行	3	东亚银行	23
中国银行	4	厦门国际银行	24
中国建设银行	5	恒丰银行	25
农村商业银行	6	中国农业发展银行	26
农村合作银行	7	汇丰银行	27
农村信用社	8	永亨银行	28
上海浦东发展银行	9	渤海银行	29
中信银行	10	南洋商业银行	30
中国民生银行	11	荷兰银行	31
华夏银行	12	企业银行	32
广东发展银行	13	华一银行	33
深圳发展银行	14	韩亚银行	34
中国光大银行	15	花旗银行	35
招商银行	16	外国银行分行	36
交通银行	17	新韩银行	37
兴业银行	18	恒生银行	38
中国邮政储蓄银行	19	三菱东京日联银行	39
浙商银行	20		

表格 13　商业汇票业务分地区（按业务笔数）

单位：万笔

省份	业务量	省份	业务量
北京	3.80	湖北	9.11
天津	3.10	湖南	4.90
河北	6.63	广东	11.81
山西	3.46	海南	0.22
内蒙古	1.93	广西	1.87
辽宁	6.18	重庆	6.26
吉林	0.92	四川	6.19
黑龙江	1.77	贵州	1.08
上海	5.82	云南	1.59
江苏	48.79	西藏	0.00
浙江	52.51	陕西	2.68
安徽	7.08	甘肃	0.84
福建	6.49	青海	0.09
江西	3.37	宁夏	1.07
山东	26.78	新疆	1.24
河南	9.93	深圳	4.82

表格 14　商业汇票业务分地区（按业务金额）

单位：亿元

省份	业务量	省份	业务量
北京	1 532.23	湖北	932.77
天津	841.67	湖南	415.97
河北	706.64	广东	1 945.76
山西	417.52	海南	37.14
内蒙古	392.00	广西	202.39
辽宁	1 055.58	重庆	621.13
吉林	119.34	四川	920.32
黑龙江	193.47	贵州	135.78
上海	1 333.77	云南	324.34
江苏	4 234.51	西藏	0.75
浙江	5 718.67	陕西	258.00
安徽	520.86	甘肃	84.85
福建	870.36	青海	7.99
江西	429.81	宁夏	98.14
山东	2 470.76	新疆	130.52
河南	1 242.95	深圳	729.54

表格 15　商业汇票业务量分行别（按业务笔数）

行别	排名	行别	排名
城市商业银行	1	城市信用社	25
中国银行	2	外国银行分行	26
中国工商银行	3	厦门国际银行	27
中国建设银行	4	中国农业发展银行	28
中信银行	5	恒生银行	29
上海浦东发展银行	6	三菱东京日联银行	30
交通银行	7	韩亚银行	31
农村商业银行	8	瑞穗实业银行	32
中国农业银行	9	华一银行	33
农村合作银行	10	南洋商业银行	34
招商银行	11	德意志银行	35
中国光大银行	12	汇丰银行	36
中国民生银行	13	国家开发银行	37
农村信用社	14	星展银行	38
兴业银行	15	友利银行	39
深圳发展银行	16	联合银行	40
广东发展银行	17	新韩银行	41
华夏银行	18	三井住友银行	42
恒丰银行	19	荷兰银行	43
渤海银行	20	华商银行	44
浙商银行	21	永亨银行	45
东亚银行	22	华侨银行	46
花旗银行	23	大华银行	47
渣打银行	24		

表格 16　商业汇票业务量分行别（按业务金额）

行别	排名	行别	排名
城市商业银行	1	厦门国际银行	25
中信银行	2	中国农业发展银行	26
中国建设银行	3	德意志银行	27
中国银行	4	国家开发银行	28
中国工商银行	5	三菱东京日联银行	29
交通银行	6	南洋商业银行	30
上海浦东发展银行	7	星展银行	31
招商银行	8	外国银行分行	32
深圳发展银行	9	三井住友银行	33
中国民生银行	10	瑞穗实业银行	34
中国光大银行	11	恒生银行	35
广东发展银行	12	韩亚银行	36
中国农业银行	13	城市信用社	37
兴业银行	14	华商银行	38
华夏银行	15	荷兰银行	39
农村信用社	16	汇丰银行	40
农村商业银行	17	华一银行	41
农村合作银行	18	新韩银行	42
恒丰银行	19	联合银行	43
渤海银行	20	友利银行	44
浙商银行	21	永亨银行	45
花旗银行	22	华侨银行	46
渣打银行	23	大华银行	47
东亚银行	24		

表格 17　银行卡数量分地区

单位：万张

省份	数量	省份	数量
北京	11 594. 97	湖北	9 500. 32
天津	7 032. 89	湖南	7 975. 22
河北	8 007. 55	广东	22 718. 22
山西	4 980. 32	海南	1 292. 23
内蒙古	3 867. 60	广西	6 414. 61
辽宁	9 117. 08	重庆	5 243. 26
吉林	3 947. 45	四川	11 445. 24
黑龙江	4 380. 96	贵州	3 024. 61
上海	10 747. 72	云南	4 204. 34
江苏	19 609. 96	西藏	241. 63
浙江	14 892. 60	陕西	5 565. 48
安徽	5 670. 80	甘肃	3 031. 00
福建	8 264. 97	青海	506. 60
江西	4 964. 18	宁夏	826. 14
山东	14 782. 82	新疆	3 164. 15
河南	10 858. 71	深圳	10 111. 89

表格 18　银行卡数量分行别

行别	排名	行别	排名
中国农业银行	1	兴业银行	18
中国邮政储蓄银行	2	深圳发展银行	19
中国工商银行	3	恒丰银行	20
中国建设银行	4	渤海银行	21
中国银行	5	东亚银行	22
农村信用社	6	浙商银行	23
城市商业银行	7	渣打银行	24
招商银行	8	城市信用社	25
交通银行	9	汇丰银行	26
农村商业银行	10	花旗银行	27
中国光大银行	11	友利银行	28
中信银行	12	恒生银行	29
中国民生银行	13	韩亚银行	30
农村合作银行	14	星展银行	31
上海浦东发展银行	15	南洋商业银行	32
广东发展银行	16	华侨银行	33
华夏银行	17	永亨银行	34

表格 19　银行卡业务量分地区（按业务笔数）

单位：万笔

省份	业务量	省份	业务量
北京	33 741.43	湖北	25 777.49
天津	9 515.80	湖南	16 615.85
河北	22 412.38	广东	76 353.48
山西	9 590.86	海南	4 681.68
内蒙古	9 370.28	广西	18 900.44
辽宁	24 693.15	重庆	13 274.11
吉林	11 751.87	四川	27 268.39
黑龙江	12 561.92	贵州	8 485.01
上海	33 112.06	云南	9 349.16
江苏	69 739.86	西藏	549.88
浙江	44 855.85	陕西	13 850.43
安徽	14 258.56	甘肃	8 077.85
福建	28 686.97	青海	1 490.76
江西	11 366.19	宁夏	3 248.70
山东	38 955.95	新疆	13 957.49
河南	22 920.18	深圳	26 414.71

表格 20　银行卡业务量分地区（按业务金额）

单位：亿元

省份	业务量	省份	业务量
北京	32 754.61	湖北	19 051.49
天津	7 036.86	湖南	11 811.69
河北	25 302.90	广东	52 460.00
山西	11 910.63	海南	4 018.54
内蒙古	15 399.13	广西	14 561.19
辽宁	20 290.01	重庆	8 418.65
吉林	10 426.34	四川	18 042.44
黑龙江	12 897.57	贵州	51.93
上海	43 332.66	云南	7 954.28
江苏	71 236.57	西藏	319.60
浙江	72 561.82	陕西	10 819.12
安徽	14 694.13	甘肃	5 267.47
福建	30 033.11	青海	1 098.83
江西	10 735.26	宁夏	2 277.04
山东	33 095.56	新疆	9 431.77
河南	25 671.12	深圳	24 335.20

表格 21 银行卡业务量分行别（按业务笔数）

行别	排名	行别	排名
中国工商银行	1	深圳发展银行	18
中国农业银行	2	华夏银行	19
中国建设银行	3	恒丰银行	20
中国邮政储蓄银行	4	渤海银行	21
交通银行	5	东亚银行	22
中国银行	6	浙商银行	23
农村信用社	7	渣打银行	24
城市商业银行	8	汇丰银行	25
招商银行	9	友利银行	26
农村商业银行	10	城市信用社	27
农村合作银行	11	花旗银行	28
广东发展银行	12	韩亚银行	29
上海浦东发展银行	13	星展银行	30
中国光大银行	14	恒生银行	31
中国民生银行	15	南洋商业银行	32
中信银行	16	华侨银行	33
兴业银行	17	永亨银行	34

表格 22 银行卡业务量分行别（按业务金额）

行别	排名	行别	排名
中国工商银行	1	深圳发展银行	18
中国农业银行	2	广东发展银行	19
交通银行	3	恒丰银行	20
中国建设银行	4	浙商银行	21
农村信用社	5	渤海银行	22
城市商业银行	6	东亚银行	23
中国邮政储蓄银行	7	城市信用社	24
中国银行	8	花旗银行	25
农村合作银行	9	韩亚银行	26
农村商业银行	10	汇丰银行	27
中国民生银行	11	渣打银行	28
招商银行	12	友利银行	29
中信银行	13	南洋商业银行	30
上海浦东发展银行	14	恒生银行	31
中国光大银行	15	星展银行	32
华夏银行	16	华侨银行	33
兴业银行	17	永亨银行	34

表格 23　银行卡消费业务量分地区（按业务笔数）

单位：万笔

省份	业务量	省份	业务量
北京	10 269. 66	湖北	4 316. 14
天津	3 126. 91	湖南	3 227. 58
河北	3 690. 82	广东	17 468. 14
山西	1 257. 28	海南	814. 74
内蒙古	1 038. 94	广西	1 911. 23
辽宁	4 286. 66	重庆	1 963. 02
吉林	1 660. 10	四川	3 543. 82
黑龙江	1 598. 46	贵州	890. 44
上海	10 621. 63	云南	1 615. 95
江苏	10 655. 20	西藏	43. 55
浙江	7 939. 80	陕西	3 037. 95
安徽	2 152. 06	甘肃	867. 99
福建	5 627. 21	青海	146. 50
江西	1 460. 47	宁夏	301. 73
山东	7 890. 61	新疆	1 356. 00
河南	23 728. 19	深圳	7 634. 76

表格 24　银行卡消费业务量分地区（按业务金额）

单位：亿元

省份	业务量	省份	业务量
北京	1 617. 27	湖北	911. 90
天津	464. 96	湖南	745. 50
河北	1 075. 88	广东	2 188. 71
山西	403. 06	海南	151. 18
内蒙古	422. 34	广西	383. 29
辽宁	864. 64	重庆	443. 60
吉林	326. 43	四川	870. 15
黑龙江	367. 44	贵州	222. 43
上海	1 534. 16	云南	366. 00
江苏	2 300. 00	西藏	12. 17
浙江	2 938. 01	陕西	587. 70
安徽	566. 72	甘肃	174. 03
福建	954. 08	青海	46. 24
江西	390. 07	宁夏	93. 92
山东	1 605. 24	新疆	285. 49
河南	1 679. 47	深圳	968. 02

表格 25　银行卡消费业务量分行别（按业务笔数）

行别	排名	行别	排名
中国建设银行	1	农村合作银行	18
中国工商银行	2	华夏银行	19
中国农业银行	3	东亚银行	20
招商银行	4	恒丰银行	21
中国银行	5	渤海银行	22
交通银行	6	汇丰银行	23
城市商业银行	7	渣打银行	24
中国邮政储蓄银行	8	浙商银行	25
广东发展银行	9	友利银行	26
中信银行	10	花旗银行	27
中国光大银行	11	城市信用社	28
中国民生银行	12	恒生银行	29
上海浦东发展银行	13	韩亚银行	30
兴业银行	14	星展银行	31
农村信用社	15	南洋商业银行	32
农村商业银行	16	华侨银行	33
深圳发展银行	17	永亨银行	34

表格 26　银行卡消费业务量分行别（按业务金额）

行别	排名	行别	排名
中国工商银行	1	深圳发展银行	18
中国农业银行	2	华夏银行	19
中国建设银行	3	浙商银行	20
中国银行	4	恒丰银行	21
招商银行	5	渤海银行	22
交通银行	6	汇丰银行	23
城市商业银行	7	东亚银行	24
中国邮政储蓄银行	8	渣打银行	25
农村信用社	9	花旗银行	26
农村合作银行	10	城市信用社	27
中信银行	11	恒生银行	28
农村商业银行	12	友利银行	29
中国民生银行	13	星展银行	30
广东发展银行	14	南洋商业银行	31
兴业银行	15	华侨银行	32
上海浦东发展银行	16	韩亚银行	33
中国光大银行	17	永亨银行	34

表格 27 信用卡数量分地区

单位：万张

省份	数量	省份	数量
北京	1 964. 09	湖北	878. 99
天津	567. 13	湖南	515. 74
河北	676. 31	广东	2 012. 65
山西	309. 61	海南	95. 50
内蒙古	194. 71	广西	287. 17
辽宁	936. 44	重庆	446. 39
吉林	262. 96	四川	719. 10
黑龙江	352. 98	贵州	149. 16
上海	2 014. 68	云南	319. 41
江苏	1 830. 54	西藏	3. 17
浙江	1 716. 82	陕西	375. 04
安徽	468. 08	甘肃	159. 03
福建	943. 23	青海	28. 21
江西	361. 87	宁夏	49. 02
山东	1 439. 59	新疆	162. 28
河南	736. 87	深圳	1 255. 96

表格 28 信用卡数量分行别

行别	排名	行别	排名
中国工商银行	1	中国民生银行	11
中国建设银行	2	上海浦东发展银行	12
中国银行	3	深圳发展银行	13
中国农业银行	4	兴业银行	14
招商银行	5	华夏银行	15
交通银行	6	中国邮政储蓄银行	16
中信银行	7	农村合作银行	17
城市商业银行	8	农村商业银行	18
中国光大银行	9	东亚银行	19
广东发展银行	10	农村信用社	20

表格 29　信用卡期末授信总额分行别

行别	排名	行别	排名
中国工商银行	1	兴业银行	11
中国建设银行	2	上海浦东发展银行	12
招商银行	3	中国光大银行	13
交通银行	4	深圳发展银行	14
中国农业银行	5	华夏银行	15
中国银行	6	农村合作银行	16
城市商业银行	7	中国邮政储蓄银行	17
中国民生银行	8	农村商业银行	18
广东发展银行	9	东亚银行	19
中信银行	10	农村信用社	20

表格 30　信用卡期末应偿信贷总额分行别

行别	排名	行别	排名
中国工商银行	1	中国光大银行	11
中国建设银行	2	兴业银行	12
中国银行	3	深圳发展银行	13
招商银行	4	上海浦东发展银行	14
交通银行	5	农村合作银行	15
中国农业银行	6	华夏银行	16
城市商业银行	7	农村商业银行	17
广东发展银行	8	中国邮政储蓄银行	18
中信银行	9	东亚银行	19
中国民生银行	10	农村信用社	20

表格 31　信用卡逾期半年未偿信贷总额分行别

行别	排名	行别	排名
中信银行	1	城市商业银行	10
招商银行	2	中国光大银行	11
中国银行	3	上海浦东发展银行	12
中国工商银行	4	兴业银行	13
交通银行	5	华夏银行	14
广东发展银行	6	深圳发展银行	15
中国建设银行	7	农村合作银行	16
中国民生银行	8	农村商业银行	17
中国农业银行	9	中国邮政储蓄银行	18

表格 32　汇兑业务量分地区（按业务笔数）

单位：万笔

省份	业务量	省份	业务量
北京	921.01	湖北	495.51
天津	344.35	湖南	734.27
河北	562.68	广东	3 284.30
山西	1 083.76	海南	197.38
内蒙古	458.01	广西	384.23
辽宁	655.66	重庆	320.72
吉林	300.81	四川	770.77
黑龙江	365.71	贵州	510.72
上海	1 133.66	云南	337.25
江苏	1 935.90	西藏	53.75
浙江	4 034.43	陕西	515.30
安徽	402.36	甘肃	209.51
福建	1 476.48	青海	117.03
江西	374.04	宁夏	120.67
山东	2 397.66	新疆	369.45
河南	852.04	深圳	1 139.71

表格 33　汇兑业务量分地区（按业务金额）

单位：亿元

省份	业务量	省份	业务量
北京	163 850.98	湖北	14 492.52
天津	17 735.09	湖南	17 350.85
河北	23 044.55	广东	60 091.29
山西	32 476.83	海南	3 689.44
内蒙古	12 298.81	广西	7 237.08
辽宁	41 775.57	重庆	21 935.79
吉林	7 991.77	四川	19 277.80
黑龙江	15 640.22	贵州	5 433.50
上海	105 026.34	云南	8 529.34
江苏	59 198.08	西藏	804.25
浙江	96 816.82	陕西	11 140.00
安徽	11 616.60	甘肃	12 170.32
福建	23 603.52	青海	1 724.94
江西	9 499.54	宁夏	2 909.00
山东	47 300.32	新疆	7 052.80
河南	24 642.80	深圳	58 897.67

表格 34　汇兑业务量分行别（按业务笔数）

行别	排名	行别	排名
中国工商银行	1	华一银行	29
中国邮政储蓄银行	2	瑞穗实业银行	30
中国建设银行	3	东亚银行	31
中国农业银行	4	渤海银行	32
中国银行	5	国家开发银行	33
农村信用社	6	荷兰银行	34
城市商业银行	7	城市信用社	35
农村商业银行	8	摩根大通银行	36
交通银行	9	星展银行	37
中信银行	10	花旗银行	38
农村合作银行	11	友利银行	39
广东发展银行	12	恒生银行	40
汇丰银行	13	企业银行	41
华夏银行	14	厦门国际银行	42
中国光大银行	15	新韩银行	43
兴业银行	16	韩亚银行	44
上海浦东发展银行	17	南洋商业银行	45
招商银行	18	法国巴黎银行	46
渣打银行	19	中国进出口银行	47
中国农业发展银行	20	华侨银行	48
德意志银行	21	大华银行	49
深圳发展银行	22	永亨银行	50
中国民生银行	23	法国兴业银行	51
外国银行分行	24	中信嘉华银行	52
三菱东京日联银行	25	大新银行	53
浙商银行	26	华商银行	54
三井住友银行	27	摩根士丹利国际银行	55
恒丰银行	28		

表格 35　汇兑业务量分行别（按业务金额）

行别	排名	行别	排名
中国工商银行	1	德意志银行	29
中国建设银行	2	东亚银行	30
城市商业银行	3	外资银行	31
中国农业银行	4	瑞穗实业银行	32
中国银行	5	三井住友银行	33
交通银行	6	三菱东京日联银行	34
中信银行	7	星展银行	35
农村信用社	8	华一银行	36
农村商业银行	9	城市信用社	37
中国光大银行	10	厦门国际银行	38
中国邮政储蓄银行	11	华侨银行	39
华夏银行	12	恒生银行	40
农村合作银行	13	南洋商业银行	41
恒丰银行	14	韩亚银行	42
广东发展银行	15	企业银行	43
兴业银行	16	摩根大通银行	44
上海浦东发展银行	17	新韩银行	45
渣打银行	18	法国巴黎银行	46
中国民生银行	19	友利银行	47
招商银行	20	法国兴业银行	48
中国农业发展银行	21	荷兰银行	49
渤海银行	22	永亨银行	50
国家开发银行	23	大新银行	51
深圳发展银行	24	大华银行	52
浙商银行	25	华商银行	53
汇丰银行	26	中信嘉华银行	54
花旗银行	27	摩根士丹利国际银行	55
中国进出口银行	28		

表格 36　银行业金融机构行内支付系统分地区（按业务笔数）

单位：万笔

省份	笔数	省份	笔数
北京	7 210.76	湖北	4 059.06
天津	1 297.55	湖南	3 821.90
河北	3 695.43	广东	29 977.95
山西	2 568.81	海南	2 180.72
内蒙古	2 167.75	广西	3 733.50
辽宁	4 049.94	重庆	8 807.54
吉林	1 831.15	四川	5 754.58
黑龙江	1 789.14	贵州	2 761.64
上海	7 034.57	云南	2 567.35
江苏	10 882.58	西藏	191.52
浙江	12 379.78	陕西	2 460.25
安徽	2 148.30	甘肃	1 702.45
福建	6 713.56	青海	420.41
江西	2 525.27	宁夏	581.63
山东	5 730.15	新疆	1 571.33
河南	4 072.26	深圳	7 799.78

表格 37　银行业金融机构行内支付系统分地区（按业务金额）

单位：亿元

省份	金额	省份	金额
北京	128 761.15	湖北	19 193.86
天津	16 636.61	湖南	15 237.96
河北	16 184.37	广东	92 505.13
山西	20 792.62	海南	6 074.91
内蒙古	59 545.68	广西	9 097.21
辽宁	44 239.32	重庆	22 291.31
吉林	7 393.50	四川	19 524.21
黑龙江	7 533.44	贵州	8 083.80
上海	126 308.43	云南	13 201.98
江苏	80 405.40	西藏	623.05
浙江	202 939.35	陕西	14 218.84
安徽	10 495.14	甘肃	3 482.90
福建	27 931.56	青海	1 374.63
江西	12 254.76	宁夏	1 627.74
山东	58 544.28	新疆	5 948.38
河南	25 565.53	深圳	136 284.31

表格 38　银行业金融机构行内支付系统分行别（按业务笔数）

行别	排名	行别	排名
中国建设银行	1	中国农业发展银行	19
中国农业银行	2	城市信用社	20
中国工商银行	3	渤海银行	21
农村商业银行	4	中信银行	22
城市商业银行	5	花旗银行	23
中国邮政储蓄银行	6	汇丰银行	24
中国银行	7	浙商银行	25
广东发展银行	8	华夏银行	26
农村信用社	9	东亚银行	27
招商银行	10	华一银行	28
中国民生银行	11	星展银行	29
兴业银行	12	华侨银行	30
农村合作银行	13	法国巴黎银行	31
深圳发展银行	14	中国进出口银行	32
恒丰银行	15	大华银行	33
交通银行	16	厦门国际银行	34
中国光大银行	17	三井住友银行	35
上海浦东发展银行	18	永亨银行	36

表格 39　银行业金融机构行内支付系统分行别（按业务金额）

行别	排名	行别	排名
中国工商银行	1	中信银行	19
中国建设银行	2	恒丰银行	20
城市商业银行	3	浙商银行	21
中国农业银行	4	中国农业发展银行	22
中国银行	5	华夏银行	23
广东发展银行	6	汇丰银行	24
中国民生银行	7	渤海银行	25
农村信用社	8	城市信用社	26
中国光大银行	9	华一银行	27
兴业银行	10	中国进出口银行	28
招商银行	11	法国巴黎银行	29
农村商业银行	12	华侨银行	30
交通银行	13	东亚银行	31
中国邮政储蓄银行	14	三井住友银行	32
花旗银行	15	大华银行	33
农村合作银行	16	星展银行	34
上海浦东发展银行	17	永亨银行	35
深圳发展银行	18	厦门国际银行	36

表格 40　同城清算业务量分地区（按业务笔数）

单位：万笔

省份	笔数	省份	笔数
北京	871.09	湖北	250.11
天津	382.62	湖南	53.12
河北	91.24	广东	1 629.49
山西	53.60	海南	0.00
内蒙古	69.13	广西	144.06
辽宁	706.43	重庆	217.26
吉林	59.79	四川	241.52
黑龙江	127.95	贵州	0.00
上海	644.21	云南	268.90
江苏	1 488.56	西藏	5.13
浙江	2 413.81	陕西	158.66
安徽	150.00	甘肃	85.90
福建	177.32	青海	26.37
江西	212.83	宁夏	3.34
山东	482.15	新疆	91.73
河南	102.08	深圳	119.89

表格 41　同城清算业务量分地区（按业务金额）

单位：亿元

省份	金额	省份	金额
北京	15 556.63	湖北	5 937.29
天津	7 113.22	湖南	1 656.61
河北	1 951.53	广东	8 877.69
山西	1 414.14	海南	0.00
内蒙古	1 524.57	广西	3 284.75
辽宁	8 106.80	重庆	4 441.21
吉林	1 395.51	四川	5 675.75
黑龙江	2 182.70	贵州	0.00
上海	8 040.24	云南	4 229.72
江苏	37 491.97	西藏	123.00
浙江	23 258.73	陕西	3 510.82
安徽	3 263.35	甘肃	1 305.95
福建	1 977.79	青海	802.91
江西	3 143.39	宁夏	13.10
山东	13 219.30	新疆	950.01
河南	3 312.10	深圳	643.49

表格 42　同城清算业务量分行别（按业务笔数）

行别	排名	行别	排名
中国工商银行	1	东亚银行	28
中国农业银行	2	渣打银行	29
城市商业银行	3	德意志银行	30
中国建设银行	4	三菱东京日联银行	31
中国银行	5	瑞穗实业银行	32
农村信用社	6	花旗银行	33
交通银行	7	国家开发银行	34
农村商业银行	8	厦门国际银行	35
中信银行	9	友利银行	36
招商银行	10	星展银行	37
上海浦东发展银行	11	华一银行	38
农村合作银行	12	企业银行	39
广东发展银行	13	恒生银行	40
华夏银行	14	南洋商业银行	41
中国光大银行	15	韩亚银行	42
中国民生银行	16	新韩银行	43
兴业银行	17	荷兰银行	44
中国邮政储蓄银行	18	大华银行	45
深圳发展银行	19	大新银行	46
中国农业发展银行	20	华侨银行	47
汇丰银行	21	中国进出口银行	48
城市信用社	22	永亨银行	49
外国银行分行	23	法国兴业银行	50
恒丰银行	24	华商银行	51
浙商银行	25	法国巴黎银行	52
渤海银行	26	摩根大通银行	53
三井住友银行	27	联合银行	54

表格 43　同城清算业务量分行别（按业务金额）

行别	排名	行别	排名
中国工商银行	1	东亚银行	28
中国建设银行	2	三井住友银行	29
中国农业银行	3	三菱东京日联银行	30
城市商业银行	4	花旗银行	31
中国银行	5	渣打银行	32
交通银行	6	厦门国际银行	33
农村商业银行	7	德意志银行	34
农村信用社	8	瑞穗实业银行	35
上海浦东发展银行	9	星展银行	36
中信银行	10	友利银行	37
招商银行	11	中国进出口银行	38
中国民生银行	12	企业银行	39
华夏银行	13	大华银行	40
中国光大银行	14	南洋商业银行	41
兴业银行	15	华侨银行	42
农村合作银行	16	法国兴业银行	43
广东发展银行	17	韩亚银行	44
中国邮政储蓄银行	18	恒生银行	45
深圳发展银行	19	大新银行	46
中国农业发展银行	20	华一银行	47
国家开发银行	21	新韩银行	48
恒丰银行	22	永亨银行	49
浙商银行	23	荷兰银行	50
城市信用社	24	法国巴黎银行	51
渤海银行	25	联合银行	52
汇丰银行	26	华商银行	53
外国银行分行	27	摩根大通银行	54

表格44　人民币单位银行结算账户数量分地区

单位：万户

省份	数量	省份	数量
北京	106. 07	湖北	70. 46
天津	48. 64	湖南	56. 22
河北	89. 13	广东	209. 01
山西	47. 28	海南	16. 48
内蒙古	33. 58	广西	45. 56
辽宁	90. 61	重庆	36. 97
吉林	35. 10	四川	82. 52
黑龙江	48. 52	贵州	28. 17
上海	170. 42	云南	54. 26
江苏	278. 30	西藏	2. 45
浙江	193. 56	陕西	61. 19
安徽	64. 88	甘肃	27. 96
福建	71. 95	青海	7. 40
江西	44. 81	宁夏	11. 81
山东	168. 47	新疆	30. 02
河南	94. 37	深圳	87. 12

表格 45　人民币单位银行结算账户数量分行别

行别	排名	行别	排名
中国工商银行	1	外国银行分行	29
中国农业银行	2	三菱东京日联银行	30
农村信用社	3	花旗银行	31
城市商业银行	4	瑞穗实业银行	32
中国建设银行	5	厦门国际银行	33
中国银行	6	三井住友银行	34
交通银行	7	华一银行	35
农村商业银行	8	星展银行	36
招商银行	9	友利银行	37
上海浦东发展银行	10	中国进出口银行	38
中信银行	11	恒生银行	39
中国邮政储蓄银行	12	德意志银行	40
中国民生银行	13	韩亚银行	41
兴业银行	14	南洋商业银行	42
广东发展银行	15	新韩银行	43
中国光大银行	16	企业银行	44
华夏银行	17	永亨银行	45
深圳发展银行	18	大华银行	46
中国农业发展银行	19	荷兰银行	47
城市信用社	20	华侨银行	48
农村合作银行	21	法国巴黎银行	49
恒丰银行	22	华商银行	50
浙商银行	23	摩根大通银行	51
国家开发银行	24	大新银行	52
渣打银行	25	法国兴业银行	53
渤海银行	26	联合银行	54
汇丰银行	27	中信嘉华银行	55
东亚银行	28	摩根士丹利国际银行	56

表格46 基本存款账户数量分地区

单位：万户

省份	数量	省份	数量
北京	77.40	湖北	41.53
天津	24.16	湖南	33.53
河北	54.68	广东	132.58
山西	31.42	海南	11.19
内蒙古	20.99	广西	27.81
辽宁	61.26	重庆	23.15
吉林	25.07	四川	54.72
黑龙江	32.92	贵州	14.99
上海	99.22	云南	25.80
江苏	149.35	西藏	1.70
浙江	114.35	陕西	33.72
安徽	38.65	甘肃	14.75
福建	44.59	青海	4.28
江西	25.07	宁夏	6.46
山东	84.88	新疆	18.12
河南	53.06	深圳	45.31

表格 47　基本存款账户数量分行别

行别	排名	行别	排名
中国工商银行	1	友利银行	28
农村信用社	2	花旗银行	29
中国农业银行	3	外国银行分行	30
城市商业银行	4	华一银行	31
中国建设银行	5	三菱东京日联银行	32
中国银行	6	韩亚银行	33
农村商业银行	7	厦门国际银行	34
交通银行	8	瑞穗实业银行	35
招商银行	9	德意志银行	36
上海浦东发展银行	10	新韩银行	37
中国邮政储蓄银行	11	南洋商业银行	38
中信银行	12	恒生银行	39
广东发展银行	13	荷兰银行	40
中国光大银行	14	星展银行	41
兴业银行	15	企业银行	42
中国民生银行	16	大华银行	43
华夏银行	17	三井住友银行	44
城市信用社	18	摩根大通银行	45
深圳发展银行	19	永亨银行	46
农村合作银行	20	华侨银行	47
中国农业发展银行	21	大新银行	48
恒丰银行	22	华商银行	49
汇丰银行	23	国家开发银行	50
渤海银行	24	法国巴黎银行	51
浙商银行	25	法国兴业银行	52
东亚银行	26	联合银行	53
渣打银行	27	友利银行	

表格 48　人民币单位银行结算账户净开户数量分地区

单位：万户

省份	数量	省份	数量
北京	3.06	湖北	2.56
天津	1.30	湖南	1.94
河北	1.74	广东	6.34
山西	1.75	海南	0.67
内蒙古	1.57	广西	1.77
辽宁	3.05	重庆	1.25
吉林	0.91	四川	0.82
黑龙江	1.73	贵州	1.07
上海	3.98	云南	1.58
江苏	9.59	西藏	0.08
浙江	6.05	陕西	1.99
安徽	2.73	甘肃	0.72
福建	3.20	青海	0.24
江西	1.91	宁夏	0.64
山东	5.81	新疆	0.48
河南	3.75	深圳	2.45

表格 49　人民币单位银行结算账户净开户数量分行别

行别	排名	行别	排名
中国工商银行	1	厦门国际银行	28
城市商业银行	2	外国银行分行	29
中国银行	3	三井住友银行	30
农村商业银行	4	瑞穗实业银行	31
中国建设银行	5	花旗银行	32
农村信用社	6	三菱东京日联银行	33
中国农业银行	7	企业银行	34
中国邮政储蓄银行	8	华一银行	35
交通银行	9	友利银行	36
中国民生银行	10	中国进出口银行	37
上海浦东发展银行	11	韩亚银行	38
招商银行	12	永亨银行	39
兴业银行	13	恒生银行	40
中信银行	14	华侨银行	41
华夏银行	15	星展银行	42
广东发展银行	16	新韩银行	43
中国光大银行	17	大华银行	44
农村合作银行	18	大新银行	45
深圳发展银行	19	南洋商业银行	46
中国农业发展银行	20	德意志银行	47
恒丰银行	21	华商银行	48
浙商银行	22	法国兴业银行	49
渣打银行	23	摩根大通银行	50
国家开发银行	24	法国巴黎银行	51
渤海银行	25	中信嘉华银行	52
汇丰银行	26	荷兰银行	53
东亚银行	27	城市信用社	54

表格 50 基本存款账户净开户数量分地区

单位：万户

省份	数量	省份	数量
北京	2. 39	湖北	1. 52
天津	0. 69	湖南	1. 27
河北	1. 45	广东	4. 63
山西	1. 03	海南	0. 50
内蒙古	0. 93	广西	1. 26
辽宁	1. 98	重庆	0. 82
吉林	0. 77	四川	0. 46
黑龙江	1. 08	贵州	0. 55
上海	2. 90	云南	1. 03
江苏	5. 87	西藏	0. 05
浙江	4. 19	陕西	1. 17
安徽	1. 71	甘肃	0. 41
福建	1. 71	青海	0. 18
江西	1. 01	宁夏	0. 33
山东	3. 15	新疆	0. 28
河南	2. 44	深圳	1. 91

表格 51 基本存款账户净开户数量分行别

行别	排名	行别	排名
中国工商银行	1	华一银行	31
农村商业银行	2	企业银行	32
城市商业银行	3	大华银行	33
中国农业银行	4	恒生银行	34
中国银行	5	南洋商业银行	35
中国建设银行	6	大新银行	36
农村信用社	7	外国银行分行	37
中国邮政储蓄银行	8	渣打银行	38
交通银行	9	瑞穗实业银行	39
兴业银行	10	华侨银行	40
上海浦东发展银行	11	摩根大通银行	41
招商银行	12	华商银行	42
中信银行	13	星展银行	43
华夏银行	14	中国进出口银行	44
广东发展银行	15	法国巴黎银行	45
农村合作银行	16	法国兴业银行	46
中国民生银行	17	联合银行	47
中国光大银行	18	摩根士丹利国际银行	48
深圳发展银行	19	中信嘉华银行	49
恒丰银行	20	宁波国际银行	50
浙商银行	21	协和银行	51
东亚银行	22	新联商业银行	52
渤海银行	23	三井住友银行	53
汇丰银行	24	永亨银行	54
中国农业发展银行	25	国家开发银行	55
友利银行	26	三菱东京日联银行	56
新韩银行	27	德意志银行	57
花旗银行	28	荷兰银行	58
厦门国际银行	29	城市信用社	59
韩亚银行	30		

表格 52　基本存款账户流入数量分行别

行别	排名	行别	排名
农村商业银行	1	恒丰银行	22
城市商业银行	2	浙商银行	23
中国工商银行	3	渤海银行	24
中国建设银行	4	东亚银行	25
农村信用社	5	汇丰银行	26
中国农业银行	6	友利银行	27
中国银行	7	渣打银行	28
交通银行	8	花旗银行	29
上海浦东发展银行	9	外国银行分行	30
招商银行	10	韩亚银行	31
兴业银行	11	厦门国际银行	32
中信银行	12	华一银行	33
中国邮政储蓄银行	13	企业银行	34
中国民生银行	14	新韩银行	35
广东发展银行	15	德意志银行	36
华夏银行	16	南洋商业银行	37
中国光大银行	17	华商银行	38
深圳发展银行	18	大华银行	39
农村合作银行	19	大新银行	40
中国农业发展银行	20	恒生银行	41
城市信用社	21	永亨银行	42

表格 53　基本存款账户流出数量分行别

行别	排名	行别	排名
农村信用社	1	渣打银行	24
中国工商银行	2	恒丰银行	25
中国农业银行	3	浙商银行	26
城市商业银行	4	东亚银行	27
城市信用社	5	友利银行	28
中国建设银行	6	外国银行分行	29
中国银行	7	德意志银行	30
中国邮政储蓄银行	8	厦门国际银行	31
交通银行	9	新韩银行	32
农村商业银行	10	花旗银行	33
广东发展银行	11	华一银行	34
招商银行	12	国家开发银行	35
中信银行	13	韩亚银行	36
上海浦东发展银行	14	荷兰银行	37
兴业银行	15	恒生银行	38
华夏银行	16	南洋商业银行	39
中国民生银行	17	企业银行	40
中国光大银行	18	大华银行	41
深圳发展银行	19	大新银行	42
农村合作银行	20	三菱东京日联银行	43
中国农业发展银行	21	星展银行	44
汇丰银行	22	永亨银行	45
渤海银行	23	华商银行	46

表格 54　基本存款账户净流入数量分行别

行别	排名	行别	排名
农村商业银行	1	华商银行	22
城市商业银行	2	东亚银行	23
中国建设银行	3	恒生银行	24
交通银行	4	三菱东京日联银行	25
上海浦东发展银行	5	星展银行	26
中国工商银行	6	荷兰银行	27
中国银行	7	新韩银行	28
招商银行	8	国家开发银行	29
兴业银行	9	厦门国际银行	30
农村合作银行	10	外国银行分行	31
中国民生银行	11	友利银行	32
中信银行	12	德意志银行	33
深圳发展银行	13	渤海银行	34
恒丰银行	14	渣打银行	35
华夏银行	15	汇丰银行	36
中国光大银行	16	外资银行	37
中国农业发展银行	17	广东发展银行	38
浙商银行	18	中国邮政储蓄银行	39
花旗银行	19	中国农业银行	40
韩亚银行	20	城市信用社	41
企业银行	21	农村信用社	42